# ネット右翼の終わり

ヘイトスピーチはなぜ無くならないのか

古谷経衡

晶文社

装幀——岩瀬聡
カバー写真——著者撮影

ネット右翼の終わり

目次

## プロローグ　安倍政権下で弱体化する「ネット右翼」と「保守」

ネット右翼の活動は活発化しているか——011
共同の敵を前にしての大同団結——013
敵失による分裂と四散——016
最大の功労者こそ粛清の対象となる史実——018
ヘイトスピーチの構造を理解する——020
「イスラム国」と「イスラーム教徒」が無関係であるように——024
「行動する保守」は保守なのか?——026
ヘイトスピーカーと保守の融合——029
保守派側からのネット右翼批判——031

## 第1章　ネット右翼とはなにか? 保守とはなにか?

温室の中で守られていた保守論壇——035
戦後保守論壇の誕生——037
言論のガラパゴス化が進行する——042
巨大資本の庇護の下に——044

ネット右翼の三必須、七原則 047
史上はじめてネット右翼が票数として可視化した 049

## 第2章 ネット右翼 その発生と誕生

「韓国への不満」と「メディアへの不信」 053
W杯に浮かれる躁的雰囲気から距離を置いて 057
自民党的出自を持たない異色のクラスタ 060
接点がなかった保守とネット右翼 062
小林よしのり『戦争論』が果たした役割 063
低かった保守の情報リテラシー 065
ネット右翼と保守の垣根を破ったチャンネル桜 067
後期ネット右翼の誕生 071
保守が上流、下流域がネット右翼 073
ネット右翼は新しい重要な顧客？ 076
保守イデオロギーとトンデモ陰謀論の混合体 078
「未開の豊穣の大地」に見えた 081
インターネットは「若者の空間」ではすでになかった 084
保守とネット右翼のウィン・ウィンの構造 086

## 第3章 「狭義のネット右翼」への分岐と「ヘッドライン寄生」

二つに分岐したネット右翼 091
「広義のネット右翼」と「狭義のネット右翼」の違い 094
本を読まない狭義のネット右翼 096
保守の声は全く届いていない 099
沖縄県知事選挙に見る「ヘッドライン寄生」 102
言論とは言いがたい粗悪な言説が流通 106
「嫌韓本」とヘイトスピーチに相関はない 109
「韓国あるある与太話」の一種 113
日本にも当てはまる事例ばかり 116
タイトルと目次だけを寄生的に引用 118
トンスルを試飲するルポ記事 121
全てネット空間に自閉した情報から 124
アニメオタク面目躍如の依頼 128
アニメ・漫画に何の興味もなく 131
トンデモ言説を補強する材料に 133
「新しい重要な顧客」とは誰か？ 135
それを「保守王権」と呼ぶ 138
寄生を黙認する保守王権 141

## 第4章　「狭義のネット右翼」の実相

その人口推定　145
狭義のネット右翼の実勢数150万人　147
その年齢と男女比率、その職業　152
中年童貞は多いか？　156
「愛国心に覚醒めた」　159
愛国心は先天的なものではない　161
映画『マトリックス』の世界観　162
ネット右翼特有の世界観「マトリックス史観」　164
同和問題との混同　167
受験勉強とは関係のない領域の問題　169
公教育から抜け落ちている近現代史　171
学校以外での知的探求を怠っていた　173
目覚めの次のステップは行動　176
「真実」の拡散を使命として　178
野放しになっていたトンデモや陰謀論　180
ブロードバンド以前のネット空間を知らない　182
ネットリテラシーの低さゆえに　185

# 第5章 土着化する保守王権

在日特権の根拠を発見? ―― 189
保守の言説自体が歪んできた ―― 192
「保守王権」が拡大させるデマ ―― 194
デマを取り上げる「プロ」がデマを補強する ―― 196
保守系論客がデマの発生源だった ―― 197
保守王権の資質劣化 ―― 199
無根拠な韓国経済崩壊の大合唱 ―― 200
上流の言説の歪みがそのまま拡散される ―― 203
「原発問題」に見る深い癒着の構造 ―― 206
保守の「反・脱原発」理論三つのパターン ―― 208
反左翼イデオロギー的な理由 ―― 210
黙殺された「右からの脱原発」 ―― 212
「核武装理論」による「反・脱原発理論」 ―― 214
核武装とはまったく無関係 ―― 216
言説の歪みが最も激烈な原発問題 ―― 218
科学を無視したトンデモなツイート ―― 220
放射能安全説を信奉する人びと ―― 223
後藤健二さんの「在日疑惑」デマ ―― 225

境界線を失った上流と下流――227
通名を使えば犯罪歴が消える？――230

## エピローグ　ヘイトスピーチはなぜ無くならないのか？

無理やり押さえつける方法は有効か――235
「ヘッドライン寄生」を規制する――236
彼らは「重要な顧客」などではない――239
真の大衆にこそ目を向けるべき――242
「新しい保守」の確立を目指して――245
ソーシャル保守誕生の必要性――249
毅然としてNOを――252

# プロローグ

# 安倍政権下で弱体化する「ネット右翼」と「保守」

## ネット右翼の活動は活発化しているか

「安倍政権になってからネット右翼の活動は活発化しているのだろう。安倍政権は特定秘密保護法、集団的自衛権の憲法解釈変更、安保法制の整備などを矢継ぎ早に打ち出し、96条の改正は頓挫したとはいえ、憲法第9条の改正を悠々射程に入れている。閣僚の中にもタカ派色の強い議員が多く、まさに右傾内閣である。このような内閣のもとで、ネット右翼や保守界隈は、さぞかし盛り上がっているに違いない」

2012年12月に第二次安倍政権が誕生して以来、安倍政権に批判的な、どちらかと言えばリベラルな人々の間からこのような声が漏れ聞こえてくる。かく言う私のところにも、「安倍政権下で保守は我が世の春でしょうなあ」という、半分揶揄のような言葉を頂戴することもままある。

第二次安倍政権が保守的傾向の強い政権であることは誰しも認めるところである。内閣支持率も、政権発足から3年が経とうというのに、いまだ高い値を維持し続け、超長期政権を窺う勢いである。このような状勢の中、安倍政権に対しては様々な立場からの賞賛と呪詛の声が交錯している。

しかし、このような保守政権下で、その政権と思想的近似性があると考えられるネット右翼や保守界隈の勢いはどうなのかというと、実はかなり停滞状況にあり、実際にはじわり衰微している有り様である、と言っても過言ではない。これは何故だろうか。

まず概況を解説すると、ネット右翼や保守界隈が、最も結束しその権勢を見せつけていたのは、第二次安倍政権に入ってからのことではなく、それ以前のおおむね2009年から2012年の間であった。この間、政権は鳩山・菅・野田の民主党政権であった。

なぜ、保守政権下でネット右翼や保守がむしろ勢いを失うのか。それはつまり、民主党政権という「外敵」の存在と密接に関係がある。巨大な敵が存在すると、それに反発しあう人々は、多少の意見の食い違いがあっても結束・一致団結するのは世の常だからである。

例えば1930年代、中国の状況を見てみると、中国国民党（蔣介石）・中国共産党（毛沢東）、および各種地方軍閥が群雄割拠状態であったが、盧溝橋事件（1937年）以降、お互いに反発しあっていた彼らは共通の敵「日本帝国主義」に対峙するため、手を結んだ。所謂

「第二次国共合作」、「抗日統一戦線」の誕生である。

つまり当時のネット右翼、保守界隈もこの国共合作の故事と全く同じことがいえよう。民主党という共通の敵を前にした彼らは、団結のために小異を捨てて合同したのである。

## 共同の敵を前にしての大同団結

一口にネット右翼、保守と言っても多種多様の様相を呈している。彼らの中には、純然たる保守主義者から、国家社会主義者、陰謀論者、商業的利益を得ようと保守「風」な態度をとっているに過ぎない者、ネットの情報のみに自閉するネット右翼、はたまた単なる低俗で病的な差別主義者までおり、正しく「ピンからキリまで」の状態であった。

それが共通の敵、つまり「民主党政権」の存在のお陰で大同団結し、結束していたのである。この、「ピンからキリまで」を全部まとめて「保守」などと形容されており、これがまるで連立政権のようになって、一様に「民主党政権打倒」の呪詛の声を協調してあげていたのが、おおむね2009年~2012年位までの状況であった。

だから必然、この間に開催された保守系の集会やデモは、史上最大規模の動員数を見ることになる。

2010年、菅直人政権下で起こった「尖閣諸島沖中国漁船衝突事件」は、海上保安庁が撮

民主党政権下で最盛期を迎えた「ネット右翼」と「保守」。尖閣諸島沖漁船衝突事件（2010年）で反民主党政権・反中国を訴える保守系市民団体主催の抗議集会に参加した人々（同年10月頃）。東京・渋谷、参加人数3000名、撮影著者。

影していたビデオを、同庁保安官の一色正春氏がYouTube上に投稿したことにより一躍全国的な大騒動になり、同年秋に開催された各種の抗議デモ（主にその矛先は中国大使館であった）は、最盛期で5000名から6000名を数えた（六本木、代々木、日比谷、銀座、横浜など）。

また2011年夏には、民放大手のフジテレビジョンが不当に韓国製のドラマ（韓流ドラマ）を垂れ流しているとして、主に二つの民間団体が東京・お台場の同局前に集合し、延べ1万〜1万1000名の規模を数えるまでになった（フジテレビ抗議デモ）。

これら二つの大規模なデモ群は、いずれも民主党政権下で計画・実行されたものであり、ネット右翼、保守界隈が最も結束して、多少の意見の食い違いや立場の違いを乗り越えて、一致団結した、まさに彼らの「最盛期」であったと言って良い。

　これらの時期の中心的存在は、インターネットをその宣伝媒体にデモを主導した数多くのネット発の有志連合、または「在日特権を許さない市民の会（在特会）」に代表される「行動する保守」の面々、あるいは保守系行動団体である「頑張れ日本！全国行動委員会」（当時の会長・田母神《たもがみ》俊雄、本部東京都渋谷区＝以下、頑張れ日本）であった。特に「頑張れ日本」についてはは本編でも詳述していくが、実質的には２００４年に設立された保守系のＣＳ放送局「日本文化チャンネル桜」の関連団体である。

　私は、当時これらの団体・組織と密接に関わっていた経験を有する「内部の人間」として、この時の盛り上がりの様がまざまざと網膜に焼き付いている。

　全国、北は北海道から南は沖縄まで、数千人の人々が我先にと参集し、気勢を上げる様は壮観ですらあった。そこには海外在住の日本人の参画もあったほどである。彼らは手に手に日の丸の小旗を持ち、それを高くうち震わせて、首都を数千人の規模で練り歩いていた。

　テレビや新聞など大手マスメディアではそれほどの露出はなかったが、私は彼らの持つ日章旗が渋谷や代々木の一帯を占拠した様子を、まるで昨日のことのように思い出すのである。それは、紛れもない事実である。

## 敵失による分裂と四散

その「頑張れ日本」は、第二次安倍政権が誕生すると、当然「反民主党政権」の狼煙は達成されたのでまるで「敵失」のような状態となった。

同会が開催するデモや集会は、2013年、2014年度を通じて明らかに往時の勢いはなく、せいぜい100名、多くても500人程度にとどまった。

それは言わずもがな、彼らの念願の大目標であった「民主党政権打倒」が成されたためであり、そのこと自体はこの団体の動員力の衰微というよりは、安倍政権誕生に安堵し、あるいはこの間、「政権交代」を賭けたような国政選挙や、エポックな政治的事件がなかったがための、必然的結果と言ってしまって良いかもしれない。同会のデモ活動に往時頻繁に参加していたが、安倍政権誕生以降は自然と足が遠のいた、というある男性は、「安倍政権が誕生したので、わざわざ抗議に行く必要を感じなくなった。同会の主張に賛同できなくなったとか、魅力が無くなったというわけではなく、単に安心してしまって、力が抜けたようになった。いまはデモや集会に参加すること無く、ウェブ動画のみを見ている」と語った。念願の「民主党政権打倒」が示す「民主党」という存在が、どれほど巨大な敵であり、またそれを達成した時の喪失が、如何に大きいものであったかが分かろう。

それでも同会は2014年2月の東京都知事選挙では同会会長の田母神俊雄氏を擁立して戦ったものの、60万票を取るまでになったが主要四候補のうち最下位で落選した。

そして2014年度後半になると、かつて同じ民主党政権打倒、の目標でひとつの旗の下に集結していた同会会長・田母神俊雄氏の選挙資金に関する不祥事（同氏の政治資金規正法違反疑惑を2015年3月5日付の「週刊文春」が報じた）を巡り、同会はその幹事長水島総《さとる》氏が、激しくこの不祥事を追求する姿勢を鮮明にし、一方で田母神氏側も反論を行うなどして袂を分かつ格好となり、現在、民事裁判等の係争準備中と伝えられる。

大同団結していた「保守界隈」が、共通の敵を失ったことで袂を分かつ例は何もこれだけではなく、2012年末に第二次安倍政権が誕生すると、所謂「三党合意」で既定路線となった消費税の段階引き上げ（5%→8%→10%）を巡って、2013年末頃から保守系論者の中で内部抗争が表面化し、かつて同じ番組や演説集会に同席していた保守系の論客同士が罵詈雑言の応酬の挙句、同じく民事訴訟のレベルにまで発展して、往時の「連帯」は完全に瓦解するに至っているのが、現在を俯瞰した状況なのである。

先の国共合作の故事に戻ろう。共通の敵「日本帝国主義」が日本の敗戦によって消失した国民党と共産党は、1946年になるとすぐさま再び内戦状態に突入する（第二次国共内戦）のと、この状態はその構造として瓜二つである。

つまり共通の敵を失った以上、敵の存在を前提にしていた連立政権はもろくも崩れ去ることは珍しいことではない。もちろん、当事者には多くの言い分があろう。安倍政権下で発生した、様々な保守界隈の「連帯」の消滅と亀裂の表面化を、「敵失のせいである」と断じられれば、当事者は不愉快かもしれぬし、彼らそれぞれに主張や言い分があることは認める。しかし、どちらの主張にも与しない中立的な見解を述べれば、やはり明らかにそれは保守政権下においての「連帯の解消」と指摘しなければならないのである。

第二次安倍政権が日本憲政史上、まれに見る強烈な保守政権であることは論を俟たないが、であるが故にその支持者であり後背に控えていたネット右翼、保守陣営の中で、「敵失」による分裂と四散が表面化したのだ。よってネット右翼や保守界隈は、現在の保守政権下で最も困難な局面に直面しているのである。

## 最大の功労者こそ粛清の対象となる史実

もう一つは、現政権が強い保守的傾向を持つが故に、同じ思想分子を敬遠するという権力者の特性が挙げられよう。

つまり反民主党・民主党政権打倒、を標榜して、微力ながらも第二次安倍政権の誕生を側面援護したネット右翼や保守界隈は、その権力を徐々に盤石のものにし始めた保守政権にとっては、最も邪魔者になってきた、ということである。

これまた故事を挙げると、西暦1600年の関ヶ原戦役で、徳川家康の勝利に貢献した東軍武将は、加藤清正、福島正則ら豊臣恩顧の武将であった。しかし徳川政権がその基礎をつけてくると、むしろ徳川にとって加藤、福島らの存在は邪魔者であった。

「城を無許可で改修した」などの難癖をつけ、徳川政権は関ヶ原の戦い以後、この両者を改易して断絶させた。権力者にとっては、自らの権力を誕生せしめた協力者こそ、後にもっとも邪魔者となって粛清の対象になる存在なのである。

あるいは、ドイツのナチ党は、プロイセン時代から残存していた旧貴族や教会勢力などのドイツの保守派を、その政権掌握の過程で大いに利用したが、いざナチス・ヒットラーが権力基盤を固めると、彼らの存在は邪魔者となり、彼ら封建的勢力を根こそぎ弾圧した。ナチスの弾圧は、「はじめ共産主義者、つぎにユダヤ人、そして最後に教会」であった。

権力者にとってみれば、自らの権力基盤掌握の過程での功労者こそ、もっとも「裏切り」のリスクのある危険分子とみなすのは、古今東西世の常である。

第二次安倍政権下では、2014年末に「在日特権を許さない市民の会（在特会）」による差別的デモ（所謂ヘイトスピーチ）に1200万円の賠償を命じる判決が確定し、法務省はそれと前後して「ヘイトスピーチ撲滅週間」を開始した。また2015年6月には、同会が東京都・新大久保で行った差別的なデモに反対するカウンター行動に参加した男性に対し、この男性の自宅に脅迫的なファックスを送りつけたなどの事例に際して、加害者側男性に90万円の賠償を求める民事訴訟の判決が、東京高裁において確定した。

無論こういった判決に政権（官邸）の意向がどの程度関与しているかは定かではないし、書類上、関与はしていないということになるのだろうが、第二次安倍政権が無難に超長期政権を継続するにあたり、ヘイトスピーチを含むネット右翼や保守界隈が、次第に鬱陶しい存在になってきた、というのは否定することのできない事例である。

「安倍さんにとって、今やもっとも邪魔なのはネット右翼と過激な保守だよ……」ある右派関係者が漏らしたこの言葉こそ、現在の政権とネット右翼や保守界隈の距離感を的確に表現したものと言えよう。このような政権中枢の「空気感」は、司法や省庁の判断に有形無形の影響を与えているのは間違いがない、と私は邪推する。

政権基盤の維持のためには、かつての政権誕生の功労者を真っ先に切り捨てる――。古今東西の権力者が普遍的に行ってきた処世術を、第二次安倍政権も踏襲しているに過ぎない。よって、保守政権下で、ネット右翼や保守界隈は、もっとも試練の時を迎えており、彼ら自身の分裂と四散を含めて、現在は往時の隆盛の時は過ぎ去り、ただひたすら衰亡、衰退の道を転がり落ちる最中にあると言えよう。

## ヘイトスピーチの構造を理解する

私は2013年4月に、『ネット右翼の逆襲』（総和社）という本を上梓した。これは、従来言われていた「ネット右翼社会的底辺説」、つまりネット右翼は低所得・低学歴という、ある種蔑視的なレッテル張りのイメージは、実際には違ったものであることを、独自の調査から明らかにしたものである。

これによれば、所謂「ネット右翼」は、この国の大都市部に住む比較的富裕な中産階級であり、自営業者や中年男性、そこそこのクラスの会社員が多い、ということになった。

これを元に、このような総じて中産階級である彼らであるが故に、「ネット右翼」を包摂する保守派が、概して貧困問題や社会的弱者をめぐる問題に無関心であり、時としてきわめて冷淡で、呪詛の言葉すら投げかけている理由を分析したのが、2014年4月に上梓した『若者は本当に右傾化しているのか』（アスペクト）であった。

その理由とはごく簡単にいえば、彼らが富裕であり、資本主義社会の成功者であり、よって弱者に対する問題を「自己責任」で片付けられるほどの「強者」であって、「強者の理屈」が支配する特異な閉鎖空間の住人だからである。

『ネット右翼の逆襲』では、主に私は「ネット右翼」にフォーカスし、続く『若者は本当に右傾化しているのか』では、ネット右翼を一部包摂する保守にも視点を広げて論じている。

私にとって、「ネット右翼」は一貫して、「保守」とは歴史的出自が異なった別個の存在として認知されている。だから、本書の冒頭からわざわざ「ネット右翼」と「保守」と分別して記述しているが、ここ2、3年でこのような状況もさらに変化しているのである。「ネット右翼」と「保守」がその歴史的出自において別個のものであることは事実であるが、現在この両者は急速に合一し、融和している状況である。

本来、別個の存在であった「ネット右翼」と「保守」との溶解は、第二次安倍政権下の保守政権下で顕著になってきた現象である。

それは繰り返し述べているように、保守政権下にあってむしろ煮え湯を飲まされている右派勢力が、窮地を脱する策として融合を試みているとみるべきなのか、それとも必然的にそのような「歴史的運命」にあるのか。私は後者主体だと思っている。

本書は、私が従来述べてきた「ネット右翼」論をベースに、いまや本来違うものであるはずの「ネット右翼」と「保守」がその垣根なく溶融している事実を鑑み、「ネット右翼」と「保守」の両方に視座を広げ、両者の歴史的関係を俯瞰し、その関係性の構造を分析するものだ。

「ヘイトスピーチ」の問題が盛んに言われるようになった。もちろん、差別的言説は良くない、とする意見が大勢を占めているものの、ほとんどの場合は近視眼的な反応に終始している。つまり「ヘイトをやる奴は馬鹿である」「ヘイト豚を叩きだせ」「法律で規制すればおしまいだ」云々である。

しかし、なぜヘイトスピーチやネットからの差別が生まれるのか、何故彼らがそのような思考に至り、そしてその病理の「原発部位」はどこから生じているのか。それを理解せずに、

「反ヘイト」の声を上げても空疎である、というのが私の考えだ。

そしてこの「ヘイトスピーチの構造」を理解するためには、「ネット右翼」と「保守」の、この両者についての関係性と構造を理解しなければならないのである。「ネット右翼」だけを語っても、「ヘイトスピーチ」の問題は理解できないし、一方「保守」の問題点だけを指摘しても、同じく全体の構造を理解することには足りない。なぜなら繰り返し言うように、いまや「ネット右翼」と「保守」は、お互いに溶融しつつあるからである。

本書は、時として内部の人間として、彼らと接し続けてきた私の「ネット右翼研究」(と言ってよいかはともかく)の集大成的な内容である。これまで私は、片方でネット右翼、片方で保守一般を分けて論じてきたが、いよいよこの両者を融合させて、両者全体を語らなければならない時が来たと考えている。

それほど、現在の状況は、「ネット右翼」と「保守」という、この二つの存在を俯瞰しなければ理解し得ないほどの複雑怪奇な様相を呈しているからである。『ネット右翼の逆襲』を指摘した2013年から2年以上が経過し、私はそれを「終焉」という言葉で形容せざるを得ないほどの状況に追い込まれていると俯瞰するのである。なぜ彼らは衰微・終焉の道を辿ることになってしまったのだろうか。そしてその過程には、どのような歴史があるのだろうか。本書の中でつぶさに明らかにしていく。

## 「イスラム国」と「イスラーム教徒」が無関係であるように

２０１５年１月、イスラム過激武装集団・所謂「イスラム国」が、日本人ジャーナリスト後藤健二さんと、民間軍事会社代表の湯川遥菜さんの２名を拘束し、インターネット上の動画で日本政府に対し、２億ドル（約２４０億円）の身代金を要求する、という暴挙に出た（その後、彼らは二人を殺害した）。

所謂「イスラム国」は、イラク戦争後の同国の無政府状態に乗じ、主にイラク北部とシリア東部の砂漠地帯一帯を不法に占領し、独自の行政や治安活動（と称する行為）を占領地域で行い、実効支配する地域において事実上の「独立国家宣言」を行っているテロリスト集団である。所謂「イスラム国」は、カリフ制国家の復活を標榜している、とされる。カリフ制国家とは、8世紀に中東のみならず北アフリカや西インドまでをも席巻した当時世界最大の「イスラーム帝国」時代の統治形態であり、カリフ制国家の復活とはこの「イスラーム帝国」の復活とほぼイコールである。

所謂「イスラム国」が、このような中世における「イスラーム帝国」の復活と復権を標榜していることについて、既存のイスラーム世界からは激しい嫌悪の反応がもたらされることになった。

当たり前のことだが、所謂「イスラム国」はイスラムを名乗っているだけの単なる「ならず者集団」であり、我々（＝イスラーム教徒）と同一視してほしくない、というニュアンスである。

２０１５年2月、イスラム教国でありながら、西欧的な世俗主義を採るトルコは、在日大使館の公式声明として、日本の報道各社に対し、「イスラム国」の名称を使用しないよう、呼びかける文章を発表した。「イスラム国」という呼称そのものが、「イスラーム教徒＝悪」という間違ったイメージを醸成させるものになりかねないとの危惧が背景にあった。

イスラーム教は本来、平和を愛し、弱者を助ける相互扶助と友愛の思想を持った穏健な宗教であり、それを信じる人々は実に平和的で融和的な人々である。中東最大の世俗国家であるトルコが、日本において「イスラム国」の呼称が、「イスラーム教徒」全般への悪イメージに繋がることを懸念したのは、このような事実からも、想像に難くない。

世界中で約15億人の信徒を持つイスラーム教徒は、その圧倒的な部分が穏健で平和的な信仰心をもった人々の集合体であることは言うまでもない。

２０１５年1月7日、フランスの雑誌社「シャルリー・エブド」の本社に、イスラム過激派とみられる覆面の男数名が乱入、ムハンマドを風刺した挿絵と記事を掲載した同誌への抗議として、銃を乱射し、多数を殺害するという驚天動地のテロ事件が起こった。

この事件の後、このテロを非難する風刺画が世界を駆け巡った。機関銃を背にした男が、モスクで礼拝をしているが、礼拝の向きが逆だというもの。つまり、暴力と殺戮はイスラーム教の本義などではなく、イスラーム原理主義を標榜する彼らテロリストこそが、アッラーやムハンマドの教えに背いているのではないか、という事実を痛烈に風刺する内容であった。

前置きが長くなったが、私はこのイスラーム過激派という名のテロリスト集団と、穏健なイスラーム教徒（ムスリム）の関係性は、現在の日本の中にもそのまま、あてはまるものだと思った。

誤解を恐れずに単刀直入にいうと、所謂「イスラム国」とイスラーム教徒の関係は、「在特会（在日特権を許さない市民の会）」らを筆頭にして、現在「ヘイトスピーチ」を行っているとして社会問題になっている「行動する保守」の面々と、「保守」の関係性に余りにも似ている。

## 「行動する保守」は保守なのか？

ここでまず多くの説明をしなければならない。

「在特会（在日特権を許さない市民の会）」とは、およそ「行動する保守」と呼称される右派系市民集団の筆頭的存在だが、主に2010年頃からインターネット上で会員を募集し、在日コリアンに対する呪詛や差別的発言（「チョンは半島に帰れ」、「朝鮮人は皆殺し」など）を恒常的に行っている過激な団体のことである。

この在特会は、徳島県教組事件（徳島県教職員組合の建物に同会会員が乱入して抗議し、建造物侵入などの罪で同会会員数名が逮捕された事件）や、京都市朝鮮学校抗議街宣事件（京都市南区の公園のサッカー場を朝鮮学校が不法に使用していると抗議して、同会会員らが同区の朝鮮学校で街宣を行い、威力業務妨害などで逮捕された事件。また差別的街宣を行ったとして、名誉棄損の民事訴訟では、被告となった同会が最高裁により1200万円あまりの賠償金を支払うよう命じられた＝前述）などで逮捕者を続出させているいわくつきの「過激派」だが、一方で「保守的価値観」にも共感を有していることから、彼ら自身が自称しているように「行動する保守」を名乗り、また一般的には「保守」「右派」のクラスタ（集団）の中の存在として認知されている。

彼らの共感する「保守的価値観」とは、例えば「憲法9条の改正」や「靖国神社公式参拝の支持、推進」とか「日教組や反日メディアといった左派的存在への攻撃と呪詛」を基盤としており、実際には後に詳述するが、日本の戦後における伝統的な「保守派」がテーゼとしてきた思想的信条をことごとくトレースしたものになっている。

つまり「カリフ制国家の復活」などとさもイスラーム教徒の本懐のような、もっともらしい原理的な思想を標榜している所謂「イスラム国」が、蓋を開ければ単なるテロリスト集団であったのと同じく、「行動する保守」を自称する在特会に代表される過激な右派集団は、従来の「保守的価値観」をあたかも忠実にトレースしている格好になっているが、その実態は差別とヘイトスピーチ（憎悪表現）が溢れる単なる劣悪な差別主義者の集団であった、という意味においてはきわめて似通っている、という事実を指摘したいのだ。

無論、無辜の人質を取り、あまつさえその人質を残虐無慈悲な方法で殺害する所謂「イスラム国」と、街頭で在日コリアンや朝鮮人の排斥を訴える「在特会」に代表される「行動する保守」、すなわちヘイトスピーカーたちの行動には、過激性という観点からして差異がある（在特会は殺人行為に手を染めているわけではない）。

が、彼らが寄生し、仮託するところの思想的支柱が、「イスラーム原理主義」や「保守思想」という、既存の思想体系や学問体系を「僭称（勝手に名乗ること）」しているという点では、やはりきわめて似通っていると言わなければならない。

そしてその僭称されている側の、元祖「ムスリム」や「保守主義者」たちから、

「あんなものは本当のイスラーム教徒ではない、一緒にしないでくれ」

かたや、

「あんなもの本当の保守ではない、一緒にしないでくれ」

という憎悪の声が上がる関係性というのも、大変似通っていると言わざるを得ない。

## ヘイトスピーカーと保守の融合

本書は、まず第一に、昨今「ヘイトスピーチ問題」などとして話題になっている、ネット上での差別的言説（ヘイトスピーチ）の大本を形成している所謂「インターネット右翼（ネット右翼）」とはどのような人々であるか、その概要を解説すると共に、所謂「イスラム国」と「ムスリム」が全く別種の存在であるのと同じように、「ヘイトスピーチを行うもの」と「保守主義者」が「本来」全く別個のものであることを網羅的に説明するものだ。

しかし、現実には、実際のところこの両者、つまり「ヘイトスピーチを行う過激な人々」と「保守主義者」は近年において融合・同一化されつつあるのは、先に述べたとおりである。「ヘイトスピーチを行う過激な人々」はインターネットから誕生したので、「ネット右翼」という呼称に置き換えることが可能だ。一方、「保守主義者」は、「ヘイトスピーチを行う過激な人々」よりは相応に穏健であるという意味と、その誕生の出自が「ネット右翼」とは全く異なっていることを鑑みて、「保守」あるいは「保守界隈」などという呼称に置き換えることが可能だ。

いずれにせよこの両者の接近と融合には相応の歴史的経緯がある。この両者は本来別々のものだったが、現在では密接不可分に相互干渉しているから、問題をさらに複雑にややこしくしているのだ。

**しかし実はこれこそ、本書が扱う最も重大な問題点の核心である。**ヘイトスピーカーと保守の融合がなされているからこそ、インターネット上でのヘイトスピーチは止むことなく継続され、場合によっては一部拡大再生産されつつあるのだ。

ヘイトスピーチは、もはや一部の極端で過激なネット右翼の差別主義者の行う言動にとどまらず、その実態は、より大きな「宿主」、つまり「保守」に寄生し、あるいは融合することによって、依然として勢力を保持したままである。

これだけ批判を浴びても、ヘイトスピーチが根絶されないのは、差別主義者の勢力と「保守」が、密着不可分の関係になり、往々にして差別主義者が「保守」の権勢に寄生し、お互いにその養分を供給しあっている関係になってしまったためであると、断罪せざるを得ない。

本書ではその経緯をも詳細に、実証的に点検するものである。

このように本書は、日本における「ネット右翼」と「保守」の両方を網羅した「右派」界隈のここ十年の歴史とその趨勢を示したものでもある、とみなして頂いても結構である。

多くの人々が「ネット右翼」の実態とその構造について、余りにも無知である。これまで「ネット右翼」や「ヘイトスピーチ」を批判的に論じる人々が、「ネット右翼」に対して様々なメディアの中で評論やアプローチを行ってきたが、それらのほとんどは取材の中でたかだか数人の「ネット右翼」に触れた結果から拾い出された言説に過ぎず、またその多くは大規模な統計的データに基づいた科学的な分析の結果ではなく、「なんとなくそのような感じ」、あるいは場合によっては「そうであって欲しい」という粗悪な「願望」を元にしたものであり、事実を無視し、且つ著しく歪曲したものにとどまっている。

要するに、この国における「ネット右翼」の分析や評論の多くが、実際には「ネット右翼」やそれに接続、あるいは内包して、グラデーション状に広がっている「保守」の内実に対する、全くの無知を元に構成されているのである。

だからいつも、彼らに対する評価を誤り、その背景を理解せずに時として彼らを力で押さえつけようと躍起になる。そしてそれに抵抗する「ネット右翼」とのつばぜり合いが、ヘイトスピーチに代表される差別の根絶をますます遠ざけ、不毛な「劇場」に仕立てているように私には思える。

## 保守派側からのネット右翼批判

私は、時として3桁を超える数の「ネット右翼」と目される人々と交流し、また彼らの社会的属性や地位がどのようなものであるか、大規模な調査を実施した。この結果は、拙著として紹介した前述の2冊や各種雑誌やウェブ媒体の記事にて詳述しているが、このようなデータの蓄積と実体験を元に、「ネット右翼」の構造とその背景をつぶさに明らかにしようという試みを行っているのは、日本広しといえども私くらいではないかと自負している。

私は憲法9条の改正には賛成であり、あるいは自衛隊の増強や海上戦力の拡充については推進派である。おそらくスタンスとしては間違いなく「タカ派」「保守派」に分類されるだろう。他方、「在特会」に代表される排外主義的勢力の跳梁跋扈には、従前から一貫して強いNOの姿勢を貫いている。

これまで常に「リベラル」側からの「ネット右翼批判」は存在していたが、かつて、このように「保守派」側から「ネット右翼」の構造分析を試みたものはいなかったと言って良い。なぜこのような「保守側」からの「ネット右翼」批判がこれまで起こりづらかったのかについては、本編の中で存分に詳述するとして、そういった意味で、本書は前出の2冊の拙著の刊行時期に比べて、更にその激しさが増し、各所で社会問題になっているヘイトスピーチの問題に加えて、更に横断的な「ネット右翼」の実態と構造を分析するものであると言える。

私が「ネット右翼」と「保守」を、それこそ「イスラム国」と「ムスリム（イスラーム教徒）」を分別する如く記述しているのは、前述のとおりである。後に詳しく論じるように、「ネット右翼」と「保守」は、たとえば「憲法改正」「自虐史観の是正」「靖国神社公式参拝の推進」「中国・韓国に対する嫌悪」など、その主張は極めて似通っているが、その出自が全く異なる異質のクラスタ（社会階層）だからである。

しかしこの両者が「はじめは」分別していた、とは言っても、実際には現在この二つは相互依存と癒着の関係にある。**繰り返すように、ここにこそが、真に問題の核心である。**

本書は「ネット右翼」の実態とその構造をつぶさに見ていくことにまず第一の主軸をおいているが、それは「ネット右翼」にかなりの部分重複し、かつ「グラデーションのように」連続して続いているこの国の「保守」の実態とその構造を分析することとイコールでもある。なぜ両者は、その呼称のみで分別されているが、その主張は極めて相似的であるのか。またこの両者にある相互依存関係とは何なのか。

この部分を解明しなければ、現在なぜ「ネット右翼」と呼ばれる人々が跳梁跋扈し、更には「ネット右翼」の中の更に過激な「行動する保守」に位置づけられる在特会に代表される右派系市民団体が、逮捕者を出しながらもそのヘイトスピーチがますます過激の度を増している（ように見える）のか、その真の理由を解明したことにはならない。

「ネット右翼」と、彼らが放つ「ヘイトスピーチ」を、単に「レイシストの仕業」とみなして侮るだけの人々は、「ネット右翼」と「保守」がどう違うのか、またどう癒着しているのか、あるいはどのように寄生しているのか、という問いに全く答えることが出来ないだろう。

昨今のヘイトスピーチ問題や、ネット問題を考え、理解する上で本書が一抹の手助けとなるのであれば、幸いである。

第1章

# ネット右翼とはなにか？　保守とはなにか？

## 温室の中で守られていた保守論壇

　まず、現在「ネット右翼」と近似的であり、癒着の関係にも似た状況に陥っている「保守」の歴史的経緯と特性について、「ネット右翼」の解説に先行して概説していこう。なぜなら、「ネット右翼」とはその上位の存在、つまり「保守」の思想的支柱に寄生する存在であり、もはや「ネット右翼」を単独で解説することは、あまり意味をなさないためである。「ネット右翼」の理解のためにはまず第一に「保守」についての俯瞰的な理解こそが必要不可欠だからだ。

　さて、「保守」の歴史的経緯と特性については、以下の「事件」を嚆矢として解説するのが、最も口当たりがよく簡便だと思う。ちなみに本書で言う「保守」とは、所謂エドマンド・バーク の言うところの「保守思想」をもった原義の意味での「保守主義者」を指すのではなく、概ね戦後日本で、雑駁に「右・右派」と纏《まと》められてきた人々全体の勢力そのもの、つまりある種の政治的クラスタ全体を指して「保守」と括っているから、留意されたい。

保守論客として知られる曽野綾子氏の産経新聞紙上でのコラムが、大きな批判を浴びた「事件」が記憶に新しい。

そのコラムというのは、2015年2月11日産経新聞朝刊の「曽野綾子の透明な歳月の光」と題される連載の中の一節のことである。曽野氏自身が南アフリカを訪問した時の体験を元に、

「南アフリカ共和国の実情を知って以来、私は居住区だけは、白人、アジア人、黒人というふうに分けて住む方がいい、と思うようになった」

と書いた部分が問題になった。

即座に、南アフリカ共和国の大使館から「アパルトヘイト（人種隔離政策）を許容し、美化するものだ」と抗議を受け、国際的な大問題に発展した。

同年2月17日、評論家の荻上《おぎうえ》チキ氏が曽野氏にこの問題でインタビューを敢行（TBSラジオ　セッション22で放送）した。曽野氏は「私に差別の意図はなく、コラムの趣旨は差別ではなく区別である（だから正当化される）」と開き直り、記事訂正や削除の意志はないことを主

張した。

曽野氏の真意はともかく、人種隔離をしたほうが良い、という趣旨の発言は、どう考えてもアウトである。「結果的に人種間において居住地区の住み分けができるかもしれない」程度ならともかく、「その方がいい」と断言しているので、厳しい発言だ。

本人の自由意志で異なる人種が別々の地域に固まって住むことと、最初から「べき論」で人種毎に居住地を分離するのは天と地の開きがある。前者は、現在のアメリカやイギリスでは実際にみることのできる現象（黒人の多い地区、ヒスパニックの多い地区など）だが、後者はアパルトヘイトやナチスの人種隔離政策と基本的に同梱のものだ。普通の感覚なら、抗議が来ないと思うほうがおかしい。

なぜ保守論壇に身をおき、重要な保守論客の一人である曽野氏が、このような差別的表現を躊躇なく産経紙上に書いたのか。「保守」の特性を理解する上で、避けて通れないのはこの部分にこそあろう。

## 戦後保守論壇の誕生

戦後の保守論壇というのは、基本的に守られた「温室」の中に存在していた、といってよいだろう。

日本における戦後の「保守」は、産経新聞・正論という所謂「正論路線」と、それに付随するグループ企業、つまりテレビ局のフジテレビやラジオ局のニッポン放送などがコングロマリット（企業複合体）として存在する「フジサンケイグループ」を骨格として、そのまわりをぐるりと取り囲むように形成されてきたものであった。

ここで「フジサンケイグループ」の歴史を簡単に振り返りたい。戦後、ラジオ局が民間に開放されると、戦中に政商として名をはせたニッポン放送の鹿内《しかない》信隆、文化放送の水野成夫《しげお》がともにラジオ業界に参入してメディアグループの結成を模索し始めた。鹿内と水野は戦中から共に保守的傾向の強い人物であった。

戦後の日本メディア界は、戦争中に大政翼賛的言説に言論界が追従したことの反省により、朝日新聞、毎日新聞などが次々と反自民、リベラルを標榜する大衆新聞として復活し、その傘下にラジオ局、さらに後のテレビ朝日とＴＢＳが設置されるなど、戦後メディア界の再編が急速に進んだ。

そんな中にあって、水野と鹿内は朝日や毎日といったリベラルメディアに対抗する、自民党寄りの保守メディアを実現するべく、まず大阪の地方紙であった産経新聞を東京に進出させ（１９５４年）、更にラジオ局であったニッポン放送の機材や人員をもとに富士テレビジョン（のちのフジテレビ）を設立した。

こうして、日本において戦後唯一の純然たるコンサバティブメディア（保守メディア）として誕生したのが、「フジサンケイグループ」の直接の始まりである。

開局当初のフジテレビは、「母と子のフジテレビ」を標榜し、後に「楽しくなければテレビじゃない」などというバラエティ・トレンディ路線に転換するまで、実に保守的傾向の強いテレビ局として知られた。

フジサンケイグループの創始者である水野が逝去すると、代わってグループの実権を握ることになった鹿内信隆は、産経新聞の社長として自身のコラム「正論」を執筆、このコラムが発展する形で雑誌「正論」が1973年に誕生した。鹿内信隆は水野以上の、猛烈な反共主義者であり国粋主義者であった。この鹿内の個人的思考が、フジサンケイグループ、とくに産経新聞と正論の論調に影響している。

戦後、まだ反自衛隊の気運が強かった時代から産経新聞は「自衛隊体験入隊記」を連載し、あるいは社説で「自主憲法制定」「自衛隊増強」「北方領土の早期返還」「中共（中国）への批判＝国府（台湾）への支持」という、強い保守路線を鮮明にした。

この、鹿内信隆時代に確立した「産経・正論路線（産経新聞と月刊誌正論）」の両輪の組み合わせこそ、戦後保守論壇のプロトタイプである。

しかし同時に、この「産経・正論路線」はフジサンケイグループ内では、どちらかというと日陰者であった。もともと、産経新聞自体が大阪の地方紙に過ぎず、朝日・読売・毎日など在京全国紙に比べて東京進出（全国展開）が遅れたので、部数が伸び悩んだ。

読売の公称900万部、朝日の700万部、毎日の300万部（全て概数）とくらべて、産経が全国紙でありながら、現在でもブロック紙の中日新聞などと大差ない150万部と段違いに少ないのは、高度成長時代の新聞拡張期に、ライバル紙と比べて全国化が遅れたためである。

当然、月刊論壇誌「正論」は産経新聞が刊行しているから、この産経の脆弱な基盤の下に存在するうつろな立場である。だが既に述べたとおり、「産経・正論路線」は、「鹿内王国」とまで謳われたフジサンケイグループの総帥、鹿内信隆の保守的なイデオロギーの独壇場として誕生したのだから、採算は二の次でイデオロギーが前面にでた。

フジサンケイグループ内にあっては、「産経・正論路線」は慢性赤字の不採算部門と呼ばれたが、それを1980年代中盤から鹿内信隆の息子である鹿内春雄による大改革によってリニューアルしたフジテレビが、広告出稿など有形無形の形で支援し続けた。

ともすれば泣き所の「産経・正論路線」をフジテレビが支援し続けたのは、「産経・正論路線」が持つ保守人脈、つまり自民党政権とのパイプを保持しておきたいからである、という推測がある。

フジテレビ自体は前述したように、80年代中盤のバブル期を迎えると鹿内信隆の息子である鹿内春雄らによる改革によって、「ノンポリ、トレンディ路線」として保守的イデオロギーからは距離をおいたが、鹿内信隆が死去した1993年以降、現在でも産経新聞や同社が刊行する雑誌「正論」が強固な保守路線を採用しているのも、このようなフジサンケイグループのそもその歴史が強く関与していることは言うまでもない。

鹿内信隆時代に確立された「正論路線」を骨格として、戦後日本の「保守」（論壇）は花開いたのである。

ともあれ、このようにグループ内で常に庇護され、その引き換えに保守的人脈という政治力を提供することで隠然たる戦後保守論壇を確固たるものにしてきた「産経・正論路線」の姿は、基本的には現在も大きくは変わっていない。

産経はライバル紙と比べてハンデが有り、部数が少ないとは既に述べたとおりだが、それを補うためにゼロ年代からは他紙に先駆けてデジタル版の拡充を実施し、一定の成功を収めている。

かなりの企業努力の賜物だが、それでも産経の部数や、「正論」の実売部数が劇的に上昇しているわけではないようなので、やはり「産経・正論路線」が、フジサンケイグループ、つまり実質的にはフジテレビによって庇護された温室のような空間であることは、現在でもそうは変わらないだろう。

温室と形容するのは若干聞こえが悪いかもしれないが、私はそれ自体を悪いと言っているのではない。グループ内で特定の不採算企業が、稼ぎ頭の他企業に支えられている、というのはどの企業コングロマリットでもある普通の現象である。産経や正論を責めているわけではない。加えて出版不況の昨今、どの新聞社や雑誌社も経営が苦しいのは当たり前の話だ。

## 言論のガラパゴス化が進行する

さて、このような構造的に永らく「温室」の状態、つまり庇護された状態の空間では何が起こるのかというと、まず競争原理が働かなくなる。「温室」の内部は、自然と内向きの理論が支配するようになる。それは、組織防衛やヒエラルキーという階級構造を生む。

所謂戦後保守論壇に登場する多くの論客は、曽野氏がそうであるように、お歳を召した方が多い。それは、保守論壇が、グループ内の大きな資本によって競争にさらされることのないよう、庇護されてきたおかげで、人的な流動性を欠き、まるで終身雇用・年功序列であるかのような階層社会を形成したためで、比較的若い頃（と言っても中年期）にこの階層社会に入った人々が、現在に至るまでそのまま高齢化したことが直接の原因である。

外部との競争がなく、庇護された空間の中では、その空間の中でしか通用しない独特の力関係と、独特の価値観が支配することになる。つまり、外部社会では異端であっても、内側に入ると常識、というような、所謂「ガラパゴス化」が進行していく。

昨今、曽野氏の他にも、「問題発言」と取られるような発言を躊躇なく行う保守論客は多い。本書でも頻出する元航空幕僚長の田母神俊雄氏は、プロローグであげた所謂「イスラム国」で人質となりその後殺害されたとみられる後藤健二さんを、「在日（コリアン）かどうか調べたほうが良いのではないか」とツイッターで指摘し、物議をかもした。

同じく、保守的な価値観を持ち、田母神氏の都知事選挙の際に応援演説など精力的な活動を続けたデヴィ・スカルノ氏も、所謂「イスラム国」の事件に際し、「(人質らは) 自決するべきだ」という頓狂な意見をブログに書いて「炎上」状態になった。

あるいは、2013年には当時、維新の会に所属していた西村眞悟議員が、「大阪には朝鮮人の売春婦がウヨウヨおる」という差別的な発言が問題視されて離党する羽目になった。

いずれも、議員やタレント活動の傍ら、保守論壇に登場する保守系論客として知られる。

こうした、一般的には「思慮に欠けた」「非常識で差別的な」発言の数々は、外部社会との競争のない、内向きの理屈が支配する保守論壇の中では往々に目にすることのできる光景である。「支那（中国）の軍艦など、チャンコロ（中国人）ごと爆撃して沈めてしまえ」「〇〇は朝鮮人みたいな奴だ」「支那に原爆でも落としてやろうか」こういったことが、普通に飲み会の席やごく内々の講演会や勉強会などで、躊躇なく平気で発言される。

それに対し、聴衆は拍手喝采を送る。異様な光景だが、外部との競争のない空間の中では、何の疑問もなく交わされる「内部言語」としての一幕である。

このような発言でも、ごく内々の、気心のしれた支持者や友人の間でなら、オフレコということで百万歩譲り目をつぶることもできるだろう。

しかし、競争のない「温室」空間での感覚が日常になって、それが長く続くと、いつのまにかこの感覚が、外部にまで通用すると錯覚してしまう。人間の慣れとは恐ろしいもので、永らく「温室」の中にいると、いつの間にか温室の外も、同じような快適な空間が広がっていると錯覚してしまう。実際には厳冬の氷点下であっても。

## 巨大資本の庇護の下に

曽野氏が躊躇なくアパルトヘイトを肯定するような発言をし、あまつさえそれを「差別ではなく区別」とさも当然のように抗弁して憚らないのは、戦後の保守論壇が永らく外部との競争にさらされることなく、自閉した「温室」の中で育まれ、成立してきた歴史と密接に関係している。前述の記事が、戦後の保守論壇の中核である産経新聞紙上から出てきたことは、それを象徴的に示すものだと思う。

私は繰り返すように、何も「温室」自体が悪いことであるとか、そしてその「温室」を解体しろとか言うつもりは毛頭ない。

何度も述べるように、「温室」の誕生には歴史的経緯があるし、「産経・正論路線」が日本の戦後保守論壇に果たしてきた肯定的な役割については、余りにも大きいもので、否定できるものではないからだ。

ともあれこのような特性を、「保守」は特徴的に有しているのである。つまり**「保守」の構**

**造的特性とは、外部から孤立して自閉した空間の中に存在し、それは巨大資本の中で庇護されてきた、ということだ。**

では、これらの温室としての「保守」を支えた力の源泉にはどのようなものがあるのか。資本面で彼らを支えたのは、フジサンケイグループ、さらに言えばフジテレビであったが、政治面ではどうだろう。

これについては自民党内のタカ派、つまり旧福田派の流れをくむ「清和会」が主張するイデオロギーを強く支援してきたのが、戦後における「保守」の政治的なチカラの源泉であった。これに対峙的であったのは、いわゆる「ハト派」と形容される旧田中派（平成期にあっては平成研＝宮沢、竹下、小渕、橋本）などであった。

だからこそ「保守」は、彼ら「清和会」と近しい関係を構築し、人脈を築き政治的発言力を行使し得た。よってその政治的影響力を以て、巨大資本からの「庇護」という寵愛を受けることが可能となった、と言い換えることもできよう。

清和会的価値観とは、「憲法9条改正」「自衛隊の増強と拡充」「靖国神社公式参拝の推進」「英霊の顕彰と反東京裁判史観」などである。全くこの考え方は、「産経・正論路線」の歴史観とイコールであった。

過去・現在の産経新聞が、小泉純一郎、そして安倍晋三を一貫して支持する路線を明確に打ち出しているのは、小泉・安倍両氏が清和会出身の総理であり、なにより「正論路線」が自民党の「清和会」の世界観と類似し、あるいはそれを忠実にトレースしてきたからである。

それに加え「日本会議」の構成者に代表される宗教右派（神社本庁、霊友会、佛所護念会、旧生長の家関係者など）や、軍恩連盟や退役軍人らの団体などが、その強力な補助組織として現在でも機能している。またこれを論壇やメディアのカタチで強烈に後押ししたのが、全国紙「産経新聞」と、1973年から同社が発行している保守系論壇誌「正論」であることは既に述べた。

この「産経・正論路線」が清和会的価値観を論壇の側面から支え、また相互に補強する立場をとった。

これら「伝統的な自民党清和会の支持基盤」は、「ネット右翼」の思想信条と重複点があるものの、その出自は全く異なっていると断定せざるをえないのは当然のことである。

「伝統的な自民党の支持基盤」は、このような宗教団体や旧軍組織以外に、例えば西日本や北関東などの郡部の地域社会の中で、時として世襲によって長らく戦後社会の中で継続されてきた歴史的経緯を有する。よって後述する「ネット右翼」の出自とは明らかに異なっているのである。

## ネット右翼の三必須、七原則

では「保守」に対して、「ネット右翼」とは、どのような人々であろうか。その定義とは、教科書的には「インターネット上で右派的・国粋的な言動をする人々」と考えて良い。しかし「右派的・国粋的」の部分はやや輪郭がぼけている。当然のことながら、右派や国粋主義の定義は、人によって違うからだ。

この「右派的・国粋的」の部分は、次のような主張を忠実にトレースしたものか、あるいはそれに極めて近いものである。

**ネット右翼の三必須、七原則**

**必須1…嫌韓、嫌中の感情が旺盛であること**

**必須2…1に関連して、在日コリアンに対し極めて強いネガティブな感情を有していること**

**必須3…1、2に関連して既存の大手マスメディア（テレビ・新聞）が韓国・中国・在日コリアンらに融和的であるとし、これらのメディアに対し激しい嫌悪感、敵愾心を抱いて**

いること（＊ただしこれらの新聞の中には、産経新聞は含まない）
4…先の日本の戦争（十五年戦争）を肯定的に捉え、所謂「東京裁判史観」を否定している
5…4に関連して、首相や大臣など、公人らの靖国神社公式参拝を支持し、容認していること
6…外交・安全保障政策について「タカ派」的価値観を有していること（憲法9条の改正を含む）
7…6に関連して、「タカ派」「保守色」が強い安倍晋三政権（第一次、第二次）を支持していること（また同時に、とりわけ2009年以降は、民主党政権に強い敵愾心を有しており、とりわけ2014年以降は「次世代の党」への支持が強烈なこと）

「ネット右翼」は、ほぼこれら七つの全部がまんべんなく当てはまり、かつこれらの七項目のうち、とくに前半三つの価値観を、インターネットの空間で発露し、あるいは同意する姿勢を強く持ち、特に「激烈な同意の情」を有することが特徴的である。

これらの思想信条を強く持つものを本書では「ネット右翼」と呼称している。おそらく、漠然と世の中が思い描いている「ネット右翼」の発する主張のほとんど全ては、この「ネット右翼の三必須、七原則」に網羅されると思う。

このように「ネット右翼」の思想的内実はおよそ分かったが、では彼らがどういう人々で、かつこの国にどのくらいの人口が存在しているのか、という科学的なデータは、これまで全く闇のベールに包まれていたと言って良い。

なぜなら、「ネット右翼」は読んで字のごとく「インターネット上」に於いてのみその言動を観測出来るものであるから、現実社会の上では「バーチャルな」存在に過ぎず、なかなか可視化することが出来ないでいた。

野鳥や猿の群れであれば、手間さえかければ湿地帯やサバンナに行って生息数や生態を観察することができるが、「インターネット上」のみに存在することになっている「ネット右翼」の実態の把握は必然、困難を極めることになった。

## 史上はじめてネット右翼が票数として可視化した

そんな中、2014年2月、在特会以外にリアルの現場に可視化してこない「ネット右翼」の実態を知りうる、大きなバロメーターとしての出来事が起こった。

当時、東京都知事であった猪瀬直樹氏の資金管理をめぐり、猪瀬氏が辞任に追い込まれると（徳洲会問題）、2014年2月9日に後任を選ぶ出直し都知事選挙で、元航空幕僚長の田母神俊雄氏が立候補した件である。

なぜこの時の選挙に田母神氏が立候補したことが「ネット右翼」の実態を知るバロメーターとなったのだろうか。

まず、この選挙で「主要四候補」と呼ばれた4人の候補の内訳を簡単に振り返ろう。自民都連・公明都本部等の推薦を得た舛添要一氏、主に脱原発を掲げて小泉元総理が支援した元首相の細川護熙氏、共産党・社民党等の推薦を得た宇都宮健児氏、そして田母神氏の4名である。御存知の通り、選挙の結果、舛添要一候補が約211万票を獲得して当選した。以下得票順に、宇都宮氏約98万票、細川氏約96万票、田母神氏約61万票の順である。

通常、「ネット右翼」と目される人々は、国政選挙の際にはほぼ確実に自民党を支持してきた傾向にあった。何故なら、前出の通り「ネット右翼」の主張の項目の、4、5、6の部分は、自民党内のタカ派（清和会的価値観）と極めて重複しており、またその価値観は、この自民党清和会を伝統的に支持してきた「保守」の影響を強く受けているからである。

実際、2013年7月の参院選挙で自民党から全国比例区で立候補した赤池誠章《まさあき》氏が約21万票（自民党8位）を獲得して当選したが、この時、いわゆる「ネット右翼」の多くが赤池氏を支持した。

しかしこの時の都知事選挙では、これまで「自民党票の一部」と目されて、自民党票の中に吸収されていた「ネット右翼」層が、初めて自民党票と分離し、独自の候補＝田母神氏に投票した、という状況が現出したのであった。

つまり、旧来の自民党支持者は舛添氏に、それ以外の「ネット右翼」層は田母神氏に投票する、という「住み分け」が発生し、史上初めて「ネット右翼」が票数の中で可視化した出来事だったのである。

自民党支持者と「ネット右翼」は何が違うのであろうか。**なぜこの時の選挙に限って、「ネット右翼」層は舛添候補ではなく、非自民の田母神氏に投票したのであろうか。**一見矛盾とも思えるこの現象を理解するためには、「ネット右翼」の出自に今一度着目しなければならない。

第2章

# ネット右翼 その発生と誕生

## 「韓国への不満」と「メディアへの不信」

まず、「ネット右翼」はどのようにして誕生したのかを解説していくことにしよう。

「ネット右翼」の直接の開始は、２００２年にその誕生の嚆矢を見ることができる。２００２年は、ワールドカップ日韓共催大会が開催された年である。この大会では、共催国である日本は史上初めて16強入りし、一方韓国チームは4強に入る好成績を収めた。

ところが、韓国対スペイン、韓国対イタリア戦において、不可解な「誤審」が目立った。特にスペイン戦では、スペインチームが2点のゴールを入れているにもかかわらず、そのいずれもが「無効」として得点に換算されなかった。

結果、ＰＫ戦で韓国が勝利し、トーナメントを勝ち抜いた。このような「疑惑の判定」は、後にＦＩＦＡが公式に「誤審」と認めたが、当時は日韓両国のメディアの中で特段大きな問題にはならなかった。

この時期、「FIFAの審判が韓国に買収されているのではないか」というまことしやかな噂がインターネット上で広まり始めた。加えて、韓国側の「レッドデビル」と呼ばれる応援団の「テーハミング（大韓民国）」の掛け声の圧倒的な模様が試合ごとにテレビの中に映り込むものだから、否応なしにそれをみた日本の視聴者の中には、韓国の猛烈なナショナリズムに奇異なものを感じた者がいたことは否定出来ないだろう。

「代理戦争」とも呼ばれる国際的なサッカーの試合の中で、自国選手への応援が時として苛烈に、過激になるのは世界共通であったが、韓国応援団のそれは自国開催ということもあって、2002年大会においては特にきわだっていた。

しかし、繰り返すように、こういった韓国の「ラフプレー疑惑」「異様なナショナリズムの高揚」を否定的に捉える日本のメディアは、ほとんどと言ってよいほど存在しなかった。W杯日韓共催大会に合わせて各地でグルメ、エステ、ドラマ、音楽などの韓国フェアが盛んに開催され、大会を側面から盛り上げていた。

このような「日韓友好」の機運自体は別段悪いことでもなんでもないが、こうした世の中の躁的な空気の中で、その躁的な雰囲気に懐疑的な日本人が、その不満のはけ口を、結果的にインターネットの空間に求めたのが2002年だったのである。

この時期のネット空間、特にツイッターやフェイスブックなどのSNSが発達する前の時代にあって、ネット空間の中で最も寡占的だった「2ちゃんねる」に代表される巨大掲示板群には、W杯日韓共催大会での韓国への違和感と、それを報道せず「メディアが故意に黙殺しているかのように見える」ことへの既存の大手マスメディア（テレビ・新聞等）に対する不満が一挙に雪崩のように侵入し、爆発的状況（嫌韓、嫌メディア関連のスレッドの乱立）を見せていたのである。

よって彼らの直接的な動機は、W杯日韓共催大会によって生じた韓国のラフプレーや数々の疑惑への不満と、その疑惑を一切「黙殺している」と見做された既存の大手マスメディアへの激烈な不満であり、だからこそ前項では「ネット右翼」の構成要素のうち、項目1の「嫌韓」、項目1に関係して項目2の「アンチ在日コリアン」、そして、項目3の「嫌（反）メディア」をことさら太字で強調しているのだ。

もちろん、この中の在日コリアンは本義では彼らの「嫌韓」の範疇に入るとも、入らないとも解釈することができる（当然、在日コリアンの中には日本チームのサポーターも多く存在した）が、在日コリアン＝韓国人というやや強引な世界観（この場合、朝鮮籍という問題は無視される）の中で、この日本国内における特別永住者たちも、「嫌韓」の大合唱の、その敵意の矛先として括られたのであった。

２００２年にインターネットに流れ込んだこうした「韓国への不満」を基礎とした「メディアへの不信」を抱いた層こそが、「ネット右翼」のそもそもの起源であり、スタートであることを特筆しなければならない。

　この時期の「ネット右翼」を「**前期ネット右翼**」と呼称することにする。「前期ネット右翼」の性質のほとんど全ては「嫌韓」に仮託した「既存の大手マスメディア」への痛烈な批判である。「ネット右翼三必須、七原則」に当てはめれば、特に項目1と3であり、また2への強い賛同である。

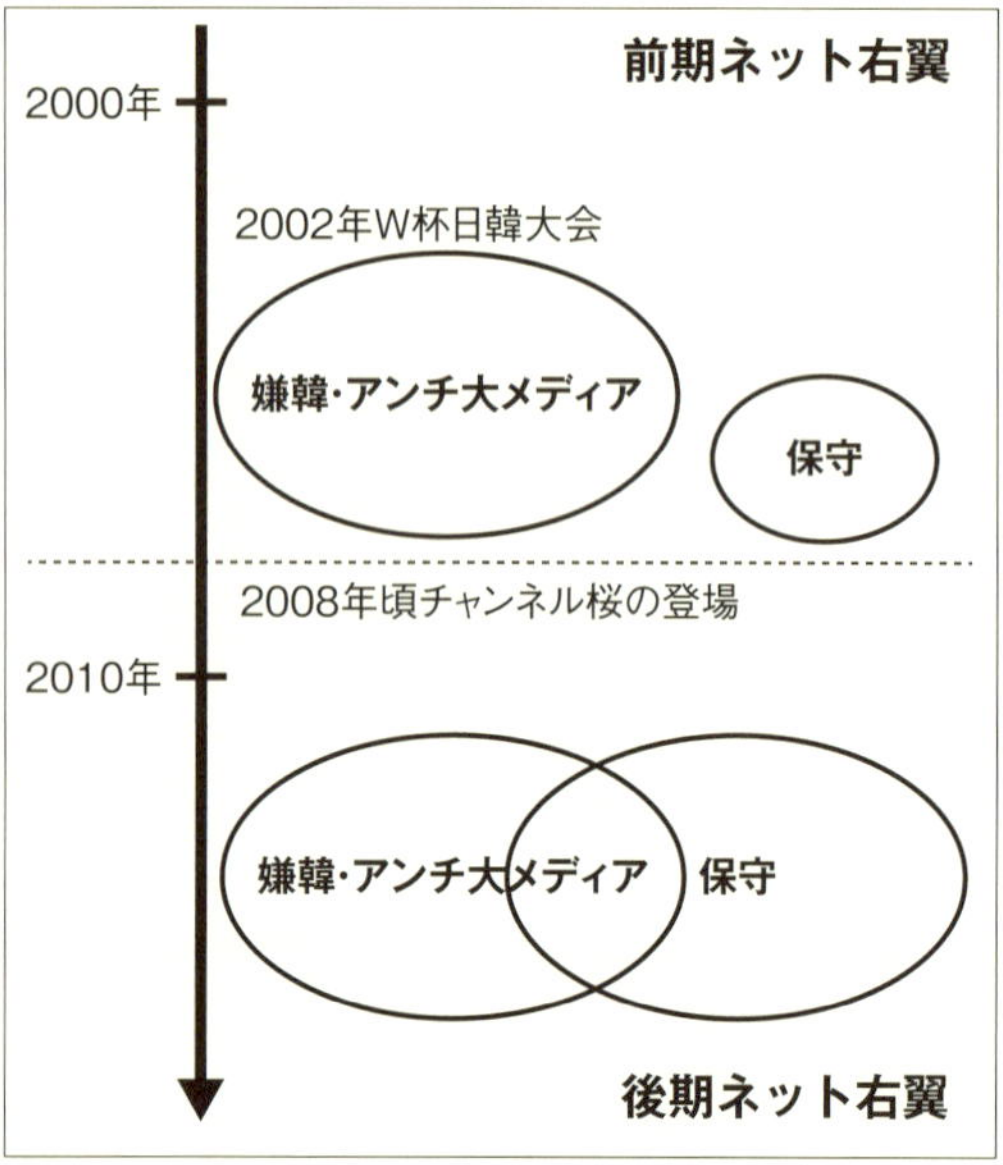

■前期ネット右翼と後期ネット右翼

　彼らがインターネットの世界で誕生したのは、彼らがインターネットを選んだというよりも、**「結果的に」インターネットの空間でしか、韓国への不満やメディアへの不満を発露する場所が存在しなかったから**である。

　「ネット右翼」はネットを主戦場として選んだ、というよりも、結果としてネットしか、その生存が担保されない存在であった、と言い換えて良い。

　当然、特にテレビ・新聞をはじめとする既存の大手マスメディアが、韓国チームのラフプレーや異様なナショナリズムを批判的に取り上げない傾向が続く以上、彼らの流入先はまるで避難地のように、自然、インターネット空間に吸収されることになったのである。

だから、後の2011年8月に起こった「フジテレビ抗議デモ（プロローグ参照）」は、**「嫌韓」を標榜しながらも、そのデモ隊が向かった先は韓国大使館ではなく民放テレビ局であったという理由は、この「前期ネット右翼」が基本的に「アンチ・既存の大手マスメディア」という激烈な潮流から生まれた存在であるという背景を踏まえれば、その行動動機が自然と納得できる**というものである。

## W杯に浮かれる躁的雰囲気から距離を置いて

なお、この2002年のW杯日韓大会の前後の時期は、日本選手団を応援する大勢の若者が、頬に日の丸のペイントをしたり、パブリックビューイングの会場で「ニッポン、ニッポン！」と国号を連呼するなどしたので、「若者の右傾化」が話題となった時期でもあった。

この時期のこうした現象を、精神科医の香山リカ氏がその著書『ぷちナショナリズム症候群』（中公新書ラクレ、2002年）として取り上げた。

その内容とは簡潔に言えば「若者が屈託のない愛国心を発露させている」ことに対し、露骨に危機感と警戒感を示した内容であった。「屈託のない」とは、日本の過去の戦争や歴史的事実にほとんど無知なのに、意味もわからず日の丸・君が代を口ずさむことへの違和感、というようなニュアンスのことである。

このような「日本代表を無邪気に応援する若者」の姿が、クリティカルヒットとなった同書と併せて、なにやら「若者の右傾化」などと語られ始めるイメージの類型としてその後定着していくことになるが（詳細は拙著『若者は本当に右傾化しているのか』参照のこと）、彼ら（日本代表を応援する若者たち）はまったく同時期にネット空間に誕生していた「前期ネット右翼」とは根本的に異なる性質の人々であることに留意する必要がある。

そもそも「ネット右翼」は、韓国のラフプレーや誤審疑惑への違和感を全く報道しない既存の大手マスメディアと、それに飲まれるように日韓ワールドカップ熱が列島全土を覆う、その躁的な雰囲気そのものを嫌悪していた層であるので、日本代表が勝利して「バンザイ」と叫んで道頓堀に飛び込むような若者たちの姿とは、そもそも全く異なっており、対照的な存在だと言える。

繰り返すように「前期ネット右翼」は世の中の躁的雰囲気から距離を置く人々が、その静かな不満をインターネットに求めたことによって開始されたものである。

パブリックビューイングやクラブハウスでビールを飲みながら試合を観戦し、朝まで男女が騒ぐようなワールドカップの躁的ノリを徹底的に嫌悪し、あるいはそこにはなにか巨大な既成のマスメディアの「意図」が隠されているのではないか、という陰謀論的な世界観を有していた彼らは、香山リカ氏が例示したような「屈託のない愛国心」を持つ者などではなく、静かに既存の大手マスメディアを呪詛しながら、バーやクラブや居酒屋ではなく、ネットにその活路を求めた比較的物静かで、時間的余裕があり、しかも若者というよりも中高年の人々（後述）だったのである。

街に繰り出して「ニッポン！ニッポン！」と連呼する若者の多くは、いわゆる前出の「ネット右翼三必須、七原則」には全く当てはまらない。よってこれらの若者は、「前期ネット右翼」とは全く関係がない。

当時大学生であった私はリアルタイムに当時を経験していたのでよく分かる。大阪の難波や心斎橋に繰り出し、ワールドカップ観戦で盛り上がるような若者の振る舞いは、顔中に日の丸ペイントをしていたり一見猛烈な愛国者のそれのように見えるが、その実態は体の良い合コンの一種であったり、あるいはクラブイベントにかこつけたどんちゃん騒ぎであり、政治性はほとんどないか、あるいは全く存在していないと言ってよい。

彼らは「ネット右翼三必須、七原則」全てに当てはまらないどころか、むしろ「護憲」的傾向を持つものや、漠然と自衛隊と戦争には反対、というイメージを持つものも多い。なぜそんな彼らが日の丸を振ったりニッポンと連呼したのかといえば、すでにこの時、若者による「自国選手への応援」と所謂「戦後的な左右のナショナリズム分類」は全く関係のない境地に到達していたからである。

「日本を応援・肯定すること＝過去の侵略戦争の美化・肯定」という冷戦時代までに存在した古臭い右派分類自体が、すでにこの時代（私の世代を含めて）陳腐化していたのが最大の原因であったが、真に滾《たぎ》る「ナショナリズム（それが本物のナショナリズムかどうかはともかく）」を心に秘め、猛烈な激情を有していた人々は街ではなく、インターネットの空間にこそ大挙していたのである。

この事実をまず、おさえておく必要があるだろう。

## 自民党的出自を持たない異色のクラスタ

このように2002年のW杯日韓大会を始祖として誕生してきた「ネット右翼（前期ネット右翼）」は、まず「嫌韓」を強烈な基礎として「アンチ既存の大手マスメディア」という性格を濃密に持つものであったことは繰り返し述べてきたとおりである。

「ネット右翼三必須、七原則」のうち、項目4、5、6の「15年戦争肯定」「靖国神社公式参拝の推進」「アンチ東京裁判史観」（項目7は2006年以降の安倍政権一次、二次誕生以降の追加項目なのでここでは省く）は、すべて「既存の大手マスメディア」が批判的に報道したり、或いは否定的に論評するもの、として「逆張り」で賛成・推進の立場を取るようになった、と理解していただければわかりやすいと思う。

つまり「既存の大手マスメディア（テレビ・新聞）」がYESといえばNO、NOといえばYESというわかりやすい価値観の反転現象であるが、これも「嫌韓」を基礎とした激烈な「アンチ・マスメディア」の性質を元来有している「ネット右翼」の性質としては、むべなるかなの性格といえる。

これら「ネット右翼」誕生期における「ネット右翼三必須、七原則（注＊この時点では安倍内閣が成立していない時期であったので六原則）」は、およそ旧来の「保守」派とされる自民党支持者とも大きな類似性を持つが、すでに見てきたように「ネット右翼」はその形成過程が「伝統的な自民党・清和会の支持基盤」をチカラの源泉にして維持されてきた「産経・正論路線」を基礎とした「保守」とは決定的に異なっている。

つまり**「ネット右翼」は2002年から誕生してきた、既存の「保守」とは全く関係のない出自に依拠した、異色のクラスタ（階層）である**、ということだ。

「自民党支持者＝保守派」と主張は似通っているが、その出自が旧来の自民党的なものではなく、2002年から急遽インターネット空間で、自民党的出自とは全く別個に誕生してきた、という一点においてこの両者には大きな違いがあることを知らなければならないのである。

## 接点がなかった保守とネット右翼

これまで「ネット右翼」は２００２年のW杯日韓共催大会に際して、韓国チームによるラフプレーとそれを報道しない日本の既成の大手マスメディアへの激烈な不満が高じた層が、その解を求めてインターネット空間に流入した結果、発生したものであると書いてきた。これが「前期ネット右翼」である。

一方、「ネット右翼」のインターネットという出自とは違う、「伝統的な自民党・清和会の支持基盤」を母体としているものを「保守」（あるいは保守論壇、界隈など）と定義してきた。

およそ２００８年ごろまで、この「保守」と「ネット右翼＝前期ネット右翼」にはその接点は、ほとんど存在していない、といって良い状況であった。

伝統的な自民党・清和会の支持基盤に依拠した戦後の保守は、２００２年から開始される「ネット右翼」とは何らのつながりを持たないというのは、この両者の歴史的背景を鑑みれば至極当然のことであろう。

「保守」は、産経新聞という言論媒体を持ち、そのグループ内に稼ぎ頭のフジテレビという大テレビを有し、そして、産経新聞の傘下として論壇誌「正論」、また出版事業として「扶桑社」などを有していることから、収益構造も確立されており、それらの「屋台骨」を全く持たず、ただ「既成の大手マスメディア憎し」で発生した「ネット右翼」とはつながりようもなかった。

ただし、戦後の保守（論壇）には、戦後社会特有のタブー（例えば憲法改正問題についての言及）に正面から対抗してきたものの、現実的に戦後日本のメディア空間で趨勢が強いのは朝日（テレビ朝日）、毎日（ＴＢＳ）などのリベラルメディアであって、彼らリベラルに「保守」（論壇）が不当に抑圧され、発言の場を奪われてきた、という思いが強かった。それゆえ、「ネット右翼」の「アンチ大メディア」という価値観には元々親和性が高かったことも事実である。

## 小林よしのり『戦争論』が果たした役割

この「ネット右翼」と「保守」の、低そうで高い垣根を打ち破る出来事が、90年代後半とゼロ年代中盤に発生した。まず、１９９８年に漫画家の小林よしのり氏が著した『戦争論』（小学館）の商業的大ヒットが最初の胎動となった。

『戦争論』は古典的な清和会の主張である所謂「ＹＰ（ヤルタ・ポツダム）体制打破」の価値観をベースにした、アンチ東京裁判史観、日米戦争自衛戦争史観を強烈に主軸においた作品であった。

「ＹＰ体制」とは、要するにヤルタ会談とポツダム宣言という戦後世界の枠組みを決定することになった連合国による戦後世界の秩序のことであるが、「YP体制打破」といえば、この戦後の世界的秩序への挑戦を意味することは自明だ。

この「YP体制打破」の史観は、鹿内信隆の時代から産経新聞、ないし正論誌上で盛んに訴えられてきたイデオロギーであったので、別段「保守」の主張としては目新しいことではなかった。

しかし『戦争論』の功績は、これまで産経新聞と正論、あるいはそれを骨格としてその周辺に存在する中小の「保守」団体や、「保守」（論壇）の中で自閉していた「保守イデオロギー＝YP体制打破」を、それまで「保守」に全く触れたことのなかった主に若年層に対し、一斉に漫画という効果の強い視覚メディアに仮託して拡散したことにある。

これにより、産経新聞と正論とその周辺だけで自閉していた「保守」（論壇）が大きく一般化することになった。

折しも、90年代後半は「保守系知識人や言論人」を中心として「新しい歴史教科書をつくる会」が結成され、それまで「近隣諸国条項（教科書検定に当たり、近隣諸国＝中国・韓国などの国民感情に配慮することに留意したもの）」などに配慮し、とくに十五年戦争や日米戦争についての記述が「自虐的（自虐史観）」であるとして、学校教科書を新しく作り変える保守系知識人らの運動が大きく取り上げられた。

小林よしのり氏は、この「つくる会」の活動にも自ら参画し、その状況を逐一連載「ゴーマニズム宣言」の中で漫画化したが、そのことによって、またも「保守系知識人や言論人」の中だけで自閉していた高度な議論の数々が、「保守」以外の人々の目に、広汎に触れることになったのである。

## 低かった保守の情報リテラシー

90年代後半は、インターネットの空間はまだ開発途上であり、ネット参加人数も現在の「国民皆ネット時代」に比べると、500万人~700万人にすぎず、しかもその多くが「iモード」を中心とする移動体通信の制限されたデータの中でのアクセスに限られていた。ネット空間はまだまだ「18禁コンテンツ」「出会い系」「都市伝説」「アングラ情報」などが優勢でこの手の三文テキストが溢れかえっていた時代でもあり、到底そこでイデオロギーを志向する「ネット右翼」が誕生する事態には、まだなっていなかったのであった。

しかし『戦争論』は確実に世の中の空気感を変え、『戦争論』で提示された「YP体制打破」の世界観がまだまだ当時、既成の大手マスメディア（テレビと、産経以外の全国紙）に黙殺されていた状況にあって、それらが「アンチ大メディア」の性向を色濃く有する「ネット右翼」の遺伝子の中に、「メディアによるYP体制打破史観の黙殺」に対する怒りとして、刷り込まれる結果となったことは大いに指摘しなければならない。『戦争論』の時代、「ネット右翼」の誕生にはまだ遠かったが、一方で「保守」（論壇）の勢力は確実に拡大し、一般に浸潤していった。

それでもなお、すでに述べたような理由で、２００２年のＷ杯日韓大会を契機に誕生した「ネット右翼（前期ネット右翼）」と「保守」の実質的な邂逅はまだまだ遠い状況にあったのである。

これにはすでに述べたような両者の出自の違いに起因する構造的な問題と共に、「保守系知識人や言論人」自身の情報リテラシーの低さにもその要因が求められよう。

つまり、産経新聞と正論を骨格とした「保守」（論壇）で活躍していた多くの「保守系知識人や言論人」は、紙と新聞に自らの発信を依拠する環境に慣れきってしまったため、また当然のこと、鹿内信隆時代（冷戦時代）からの古参の言論人の多くが高齢化しており、物理的にインターネットの利用やパソコンの利用に全く疎かったため、インターネットの重要性の認識も全く遅れているという、「陳腐化」した状況のただ中にあったのである。

現在でこそ産経新聞は「ＷＥＢ産経」などインターネットで記事配信をこなし、関連企業も合わせて各種ネット上での配信を全国主要紙の中にあってもかなり精力的に行っていると目されているが、**元来「保守」（論壇）は新聞と雑誌という古典的媒体に自閉し、なおかつその担い手はインターネット・リテラシーの低い高齢の者が中心であった（読者側も然りである）ものだから、インターネットから最も遠い存在に位置していたのが、実は日本の「保守」だった**

**のである。そう、いまや時として「ネット保守」などとも言われる「保守」こそが、ITとインターネットから、最も遠い独自の空間に自閉していたのが、つい最近までの事実**だったのだ。

私は冷戦時代から、「保守」団体で活動を行っている高齢者に話を聞いたことがあるが、およそゼロ年代の中盤まで、「保守」(論壇)やその界隈の主要人物の多くはFAXですら満足に使うことができず、ゼロ年代の半ばまでは集会や刊行物の告知はすべて葉書や封書、あるいは機関紙での伝達がメインであったらしい。インターネットによる代替が行われたのはつい最近のことであり、現在でもそういったITの利用を拒絶する人間も少なくない、というエピソードには驚愕させられるものがある。

取りも直さず、この理由とは「保守」(論壇)が新聞と雑誌に自閉しても、フジサンケイグループという巨大コングロマリットの中で競争にさらされることなく、小さいながらも完結した「温室」のような空間に居ることができたからであり、且つその担い手が所謂「デジタルデバイド」と槍玉に挙げられるような高齢の人々によって占められていたからである。

## ネット右翼と保守の垣根を破ったチャンネル桜

この閉塞状況を打ち破ったのが、2004年8月に開局したCSの独立系放送局「日本文化チャンネル桜(以下チャンネル桜)」であった。

「チャンネル桜」は、もともと番組制作プロダクションを経営していた番組プロデューサーで実業家の水島総氏が設立したものである。

水島氏は当初、ゼロ年代前半に、日本に出稼ぎなどで来日していた在日フィリピン人向けのフィリピン情報の有料番組「フィリピンチャンネル（ウィンズ・フィリピノ・チャンネル）」を運営していた。これで成功した原資と、2007年にこのチャンネルそのものを売却した売却益などを元手に、彼個人の強い保守的傾向の下、設立された有料のCS放送チャンネルが「チャンネル桜」である。

「チャンネル桜」の設立により、所謂「保守」（論壇）の中で活躍していた数多くの「保守系知識人や言論人」が出演者として登場することになる。

チャンネル桜設立当初の賛同者一覧から、要人を抜粋してみよう。代表的なところでは五十音順に、

井尻千男（拓殖大学名誉教授）、岡崎久彦（岡崎研究所 理事長）、小野田寛郎（財団法人小野田自然塾 理事長）、加瀬英明（外交評論家）、黄文雄（文明史家／拓殖大学日本文化研究所客員教授）、小堀桂一郎（東京大学名誉教授）、高森明勅（日本文化総合研究所代表）、田久保忠衛（杏林大学名誉教授）、田中英道（東北大学名誉教授）、中西輝政（京都大学名誉教授）、藤岡信勝（拓殖大学教授）、百地章（日本大学教授）、渡部昇一（上智大学名誉

教授）（＝いずれもチャンネル桜ウェブサイトより。肩書は設立当時のもの）

の面々である。これらの人々は、当時より「産経・正論」の誌面に頻出しており、保守系のオピニオンを主に雑誌や出版など紙媒体で積極的に展開し、保守系言論人・文化人として知られる錚々たる面々であった。彼らの平均年齢は、当時としてゆうに60〜65歳を超えていたであろうが、彼らがそのまま、様々な形でチャンネル桜の番組出演者として画面に登場することになる。

当然その理由とは、前述したように彼らが個人的篤志でもって、チャンネル桜の設立に寄与したということは勿論のこと、体系だったクオリティの高い番組製作という、編成上の要請として、必然として保守派の知識人・論客が求められたからである。よってその出演者の供給元は、前述した「産経・正論路線」の論客らに行き着く、というわけだ。

ともあれ、これにより、それまで新聞（産経新聞）と雑誌（正論）に自閉していた「保守」（論壇）が、CS放送とはいえ独自のメディアを有することになったのは、画期的であった。

チャンネル桜はその後、紆余曲折を経て2007年にCS放送で放映した番組の多くを、当時日本でサービスを開始して2年程度の動画投稿サイト「YouTube」と、その後「ニコニコ動画」に転載しはじめた。

当時、YouTubeやニコニコ動画といった動画投稿サイトの主要な目的は、体の良い外部ハードディスクレコーダーであった。つまりテレビアニメやドラマを録画したものを、違法に再視聴するためにこれらのサイトにアップロードするという、今風に言えばクラウド的な利用のされ方に限定されていた。

これらの違法状態はほどなくして規制強化で順次取り締まられていくが、アニメやドラマなどエンターテイメント色が強かった「動画」の世界で、政治的、とくに保守的イデオロギーを謳うような動画を、株式会社が組織的に、かつ計画的に、しかも大量に投稿しだしたのは、少なくとも日本において、チャンネル桜がパイオニアと断定して良いだろう。

このチャンネル桜により、インターネット、特に「2ちゃんねる」の中でも「極東板」「極東+」「ニュース速報」など一部の板や、せいぜい個人のブログや当時隆盛していたSNSであるmixiなどの中だけに「自閉」していた「ネット右翼」が、「インターネット動画」という「ネット右翼」に最も親和性の高い窓口を介して、「保守」（論壇）の濃いエッセンスに触れることになったのである。

この2007年からのチャンネル桜によるYouTube、ないしはニコニコ動画への自社動画の投稿という「革命的」な出来事を契機に、「ネット右翼」と「保守」の垣根はチャンネル桜という「ワームホール」（時空を移動する抜け道）によって連絡されることになった。

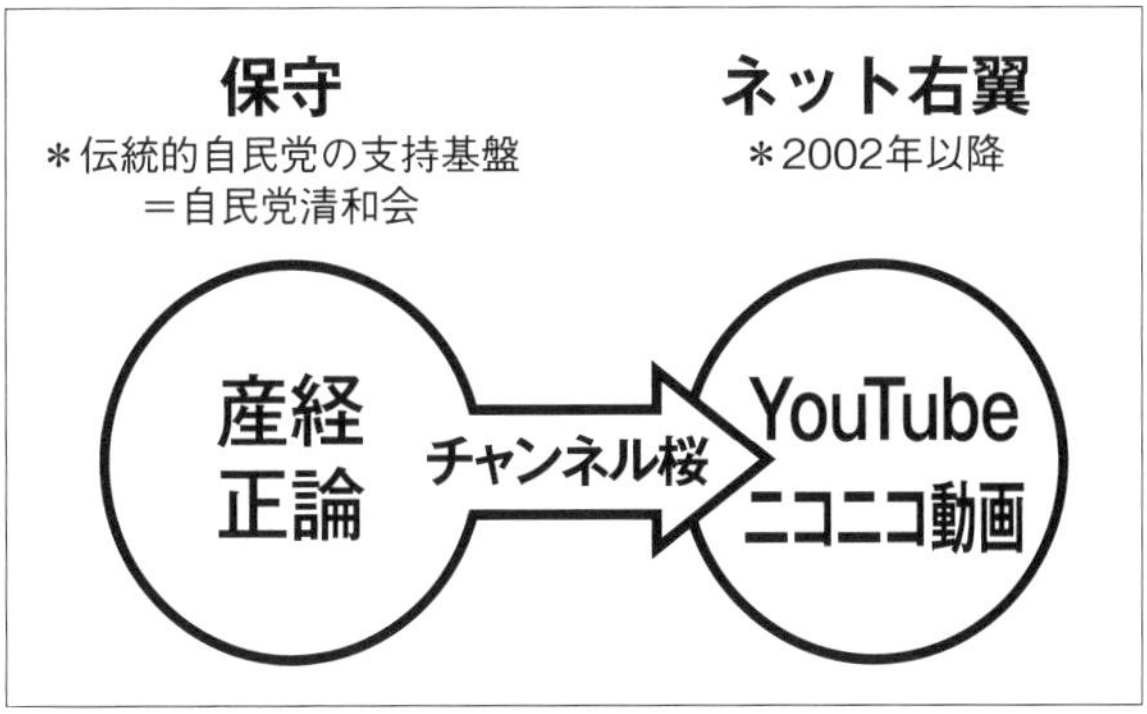


■「保守」と「ネット右翼」の垣根が突破されるイメージ図

## 後期ネット右翼の誕生

ここで注意しなければならないのは、このワームホールの情報の流れは、「保守」（論壇）側から「ネット右翼側」への一方通行のものであることである。「ネット右翼」から「保守」（論壇）側への逆流は、この時期「まだ」原則として一切発生していないことに留意する必要があろう。

当時からすでに活躍していた「保守系言論人」らによるコメントやトークは体系だったものであり、インターネットの世界に自閉し、また分散していた前期ネット右翼にとってはまさに「文明」であって、彼らを「親」として、片側通行の「受容」のみが支配的となったのは当然であろう。

そして「YP体制打破」という「保守」（論壇）ではさして目新しくない主張を見事に漫画化して大衆化させた

小林よしのり氏が、この時期のチャンネル桜内に「ゴー宣チェリブロ」という番組コーナーを有していたことも、その証左といえるだろう。つまりこの時期、知識や情報の流れは「保守」から「ネット右翼」へ一方的に与え、授けるものであった。

また当時の状況をこう分析することもできる。チャンネル桜の放送番組は、すでに既存の「保守」（論壇）で活躍していた「保守系知識人や言論人」による「専門番組」であり、その拡散手法が「インターネット動画」という部分でのみ新しかっただけで、特段、内容については、旧来の紙と雑誌に自閉してきた「保守」のそれとは、原則的に大きく変わることはなかった。

もうお分かりかと思うが、**このようにチャンネル桜がブリッジ、もしくはワームホールとなって「ネット右翼」にもたらした保守的イデオロギーの数々は、冷戦時代から存在していた「伝統的な自民党・清和会の支持基盤」を中心とした「YP体制打破」の価値観に基づくものであり、必然、それを受けた「ネット右翼」が、その主張の部分で「保守」（論壇）と多くの（殆どの）部分を共有するのは、これが原因なのである。**

だから本書で「保守」と「ネット右翼」の最も大きな鑑別方法として私は、この両者の出自にこだわっているのである。

「ネット右翼」はこのように、既成の「保守」（論壇）の強い思想的影響力を受けて、2007年から更にその勢いを増していく。

このように2002年から2007年まで、「アンチメディアとしての嫌韓」の情が激烈な

「ネット右翼」を**前期ネット右翼**、「チャンネル桜」の登場により、既成の「保守」（論壇）の影響を主に「ネット動画」という媒体を通じて強く受け、その主張がやがてほぼ一体化していくことになる、この２００７年以降から現在までの「ネット右翼」を、**後期ネット右翼**と呼んで区別することにしている。

## 保守が上流、下流域がネット右翼

このような事実を鑑みると、２０１４年の東京都知事選挙に立候補した元航空幕僚長の田母神俊雄氏を「ネット右翼」がこぞって支持したのは、氏の言動が「ネット右翼の三必須、七原則」に則ったものであった以上に、田母神氏のもっとも重要な支持母体が「チャンネル桜」と「頑張れ日本」であったことと密接に関連しているのだ。

田母神氏は２０１３年12月末に、自身が会長を務める「頑張れ日本」の忘年会の席上、同会の幹事長であり、「チャンネル桜」の代表取締役であった水島総氏から都知事選出馬の打診を受け、快諾した。

当初、田母神氏は第二次安倍政権と特に外交・安全保障分野で共通の思想が多かったことから、自民党公認を模索する趣旨であったが、既に自民党は舛添要一氏の推薦に動いていたことから、非自民の「独自候補」として選挙戦を戦うことになったのは、50頁のとおりである。

選挙戦にあたっては、田母神氏の最大の支持母体であったのは言わずもがな「頑張れ日本」と「チャンネル桜」を母体とした「東京を守り育てる都民の会」（当時の本部・東京市ヶ谷）であった。

田母神氏はこうして、純然たる非自民の独自候補として、「チャンネル桜」の後背を強く受けるカタチで選挙戦に臨むことになったのだが、実際には彼の選挙戦や広報には、「頑張れ日本」のスタッフとその多くが重複していた。

この選挙戦の中にあっては、「チャンネル桜」は「放送局の中立性」という観点から、その代表取締役を務める水島総氏は一旦同局の代表を辞任して、田母神氏の選挙サポート（東京を守り育てる都民の会の事務局長）に徹する、という体裁が取られた。

しかしそもそも、２００９年に発足した「頑張れ日本」は、「チャンネル桜」と密接不可分の関連組織であり、実際には「頑張れ日本」が主催して行われるデモ行進や集会の模様は、即日「チャンネル桜」で放映されていることから、この時期の放送局としての「チャンネル桜」、保守系市民団体としての「頑張れ日本」、田母神氏の選挙陣営である「東京を守り育てる都民の会」の三者は三位一体の関係と見做さなければならない。

このような田母神氏が、「ネット右翼」から圧倒的な支持を受けたのは、田母神氏の後背に「チャンネル桜」という「保守」のエッセンスをネット空間にブリッジさせたワームホールの存在があったからである。

「ネット右翼」による田母神氏への熱狂的な支持は、保守がその上流に位置しつつ、下流域に「寄生」する「ネット右翼」に情報やエッセンスやイデオロギーを垂れ流すという構図を、最も的確に象徴することになった事例だ。

**田母神氏が非自民の候補であっても、「ネット右翼」の思想的支柱として「上流」から情報を与えていたチャンネル桜が立てた独自候補であるならば、これを応援するのが自然の姿勢であろう。**

「ネット右翼」が元来自民党支持、という性質を強く持っているのにもかかわらず、彼らが非自民の田母神氏を支持したのは、まさに彼らの「親＝チャンネル桜」がそれを支持するかのように、「子＝ネット右翼」に影響を与えたからである。この構造は、前述した2013年参院選の赤池氏にも、全く同じように見られた（チャンネル桜を支持母体とした同氏の応援番組やキャンペーンの展開を、ネットで展開した）のであった。

「ネット右翼」による田母神氏への熱狂的な支持は、保守がその上流に位置しつつ、下流域に「寄生」する「ネット右翼」に、情報や世界観やイデオロギーを一方的に授ける、という「保守」と「ネット右翼」の構図を、最も的確に象徴することになった事例だ。

この構造について、もう一例をあげ、見ていくことにしよう。

## ネット右翼は新しい重要な顧客？

「爆弾！」と題された番組が、「チャンネル桜」で放送されたのは2007年9月18日のことである。同番組における15回目の放送をみていくことにしたい。この回では、司会者の水島総氏（チャンネル桜社長）の他に、ゲストに桜井誠氏（在日特権を許さない市民の会会長）、みや東亞氏（朝鮮問題研究家・東亜問題研究会副代表）の二氏が迎えられている。

所謂「在日特権について」を桜井とみや両氏が語る内容となっているが、注目したいのは番組冒頭に**「この番組は営利目的以外のご使用であれば、著作権はフリーです。ネットへのアップロード等、ご自由にご利用ください。」**と大きく謳い、事実上著作権を放棄してまで、ネット上での拡散を「チャンネル桜」自らが積極的に呼びかけている点だ。

番組司会者の水島氏は同社社長であると同時に、保守派の論客として既に知られていた。一方、桜井氏とみや氏は明らかに「ネット空間」から排出された「ネット右翼」に分類される人々である。

水島氏が司会者として彼ら「ネット右翼」を監督するという格好で、それを「チャンネル桜」が番組としてまとめ上げ、それをネット空間で拡散させるように推奨している。

現在の「チャンネル桜」の番組冒頭には支持者への感謝などを訴えるメッセージが掲載され

ているが、この時期の「チャンネル桜」が、まさしく「保守」と「ネット右翼」をブリッジさせる役割を果たした象徴的事例として、この時期の放送形態は特筆される。

「自らの著作権を放棄してまで」ネット空間に番組内容を拡散させたい意図がありありと読み取れる「チャンネル桜」の目論見とは、無論「ネット右翼」への訴求と取り込みである。

それは明らかに「ネット右翼」を「**新しい重要な顧客**」と見做していたからこその戦略であった。それは、「保守」のイデオロギーを体現する「チャンネル桜」の戦略である以上に、「保守」そのものの「ネット右翼」、または「ネット空間」そのものを見つめる眼差しを忠実にトレースしたものだったのである。

■エジプト神話に登場するアヌビス。「産経・正論路線」の知性体系を「ネット右翼」に伝播・拡散させ、「保守」と「ネット右翼」という、全く異なるクラスタをブリッジしたのがチャンネル桜であった。いわば、「保守」と「ネット右翼」の半人半狼の姿を有していたといえる。

まさにこの時期、保守（論壇）とネット右翼を、インターネット動画で結びつけた「チャンネル桜」は、エジプト神話に登場する守護神「アヌビス」と形容するにふさわしい。

アヌビスは、上半身が狼、下半身が人間の半人半狼の神である。「チャンネル桜」も、上半身はネット右翼、下半身は「産経・正論路線」の知性体系を有する保守（論壇）の「半人半狼のアヌビス」とでも言うべき存在であった。私はこの状態が悪いとか良いとかを言っているのではない。ただ、事実を指摘しているにすぎないのである。

## 保守イデオロギーとトンデモ陰謀論の混合体

後期ネット右翼が、2007年以降、チャンネル桜が「風穴」を開けた保守的イデオロギーの強い影響に晒されたことはすでに述べたとおりであるが、では2007年までの前期ネット右翼は、既成の「保守」（論壇）とは隔絶されていたはずであるから、それまではなにかネットに独自の「価値」（YP体制打破といったもの以外での）を有していたのかというと、これはほとんど「価値観」と呼べるものは存在していなかったと断言して差し支えないであろう。

すでに述べてきたとおり、2002年のW杯日韓大会を契機に誕生した前期ネット右翼は、「既存の大手マスメディア」に対する敵愾心によってのみ支えられる存在であったから、全く統制がとれたものではなく、また統制をとるような性向を有する個人や団体も、ほとんど存在していない無法地帯であった。

「朝鮮人にマスコミが支配されている」「政治家の○○が朝鮮人」「在日は税金が無料」などというトンデモな陰謀論や嘘が、跳梁跋扈して無秩序な状況にあった。

無論、90年代後半の『戦争論』による影響で、この作品の中に存在していた「YP体制打破」のイデオロギーに裏打ちされた自虐史観の是正や十五年戦争の評価のあり方などについては、トンデモではない高度なものも散見されはしたが、それは結局のところ既成の「保守」（論壇）の転写であり、「ネット右翼」独自の価値観とは言いがたい。

ましてや同時期に登場した所謂「探偵ファイル」などに代表される、ネット独自の取材に基づいたネットメディア特有のクオリティなどは「前期ネット右翼」の時代には全く存在せず、そのほとんどが主に2ちゃんねるから拝借した劣悪な「コピー&ペースト」のシロモノであった、と言っても非難されるには当たらないであろう。

好意的に見れば、「ネット右翼」に対し、既存の「保守」（論壇）のイデオロギーを整理した形で、組織立って、計画的に、継続的に大量に「ネット動画」として伝えたチャンネル桜は、無秩序で混沌としていた「前期ネット右翼」の世界に、**まるで近代的な「文明の利器」を持ち込んだ西欧の宣教師のようであった**とも言える。

しかし、2007年以降、「保守」（論壇）のイデオロギー流入で交通整理され、「近代化」したはずの「後期ネット右翼」の世界にあっても、劣悪で粗悪な「トンデモ論」や「陰謀論」、事実に基づかない「嘘」のたぐいは駆逐されることなく、存置されることになってしまったのである。

しかもそれは、存置させられるだけではなく、チャンネル桜によってもたらされた「保守」

（論壇）イデオロギーと融合し、ミックスする形で粗悪な混合体となって、現在も拡大を続けている事態に陥ってしまったのだ。これが後に在特会を産み、ヘイトスピーチ問題が発生した大きな根本原因の一つなのである。

これはどういうことであろうか。例えば西欧近代の文明人が被服や火薬や医学や工業製品を未開の村に持ち込んだとする。多くの場合、西欧の圧倒的な科学力に魅了されて、未開の村の人々は自らの封建的行いや、非人道的な風習を次第にあらため、すっかり根絶するであろう。

しかし**後期ネット右翼**の場合、系統だった「保守」（論壇）イデオロギーをもたらした当の「保守」（論壇）自身が、積極的に未開の人々の因習や悪弊を否定することなく、半ば黙認する一方、もう片方では文明の利器を積極的にもたらすといういびつな構造が現出してしまったのである。

だから現在に続く「後期ネット右翼」には、これら「トンデモ」「陰謀論」は相変わらず存置されたまま、片方では「保守」（論壇）のイデオロギーだけを薄く受容する、という最悪の結果が受け継がれてしまった。

まずひとつの理由としては、既に軽く触れたとおり、当時、「保守」（論壇）にとって未知の存在であった「ネット右翼」の中にある、劣悪な部分を真っ向から否定する、ということに、多くの「保守系知識人や言論人」に抵抗があったものと推察される。

つまりそれは、彼らの主張を真っ向から否定すれば、「自分たちの主張が受け入れられなくなるのではないか」という恐れと一体であった。

既成の「保守」(論壇)は当時から高齢化が進んでいたことは、すでに述べたとおりである。ゼロ年代の中盤においても、FAXですらまともに使いこなせない人がいるなかで、ネット上で「保守的、右派的な言説を交わすネット右翼なる存在」は、彼らにとってまさに「異形」の存在であった。

## 「未開の豊穣の大地」に見えた

当時を知る保守派の古老に話を伺ったことがあった。

彼らからすると、ゼロ年代中盤にあってEメールやブログなんてものは使ったこともなく、ましてチャットやネット動画などその視聴方法すらわからず、そのネットを駆使し、まして保守的な言動を取り交わしているネットの人々は、〝まばゆい光に見えた〟と語った。**このまばゆい光という表現には明らかに「希望」のニュアンスが入り込んでいる。**

インターネットという新しい時代のツール(しかしすでにこの時点では特段新しいものではないが)を利用する「ネット空間の若者たち」の言動の中に、多少の粗悪な事実を発見してきたとしても、それを真っ向から叱りつけることなど、彼らにはできなかったのである。

彼らは「ネット右翼」を叱りつけることで、せっかく開きかけたに見える「保守」(論壇)

の拡大の趨勢が、閉ざされることを極端に恐れていたように思える。永らく冷戦下で、新聞と雑誌に「自閉」してきた「温室」の中の「保守」にとって、自らの閉鎖性は自覚するに十分なものであった。

現状、保守が「温室」の中で自閉している分には、巨大資本に庇護されている関係上、特段の危機はないであろう。しかしゼロ年代に入り、いよいよネットが普及してくると、彼らのネット空間との接続欲求は、自身の閉鎖性の自覚と相まって、徐々に強いものになっていったことは間違いない。

まして既に述べたとおり、2007年からのチャンネル桜による「保守」と「ネット右翼」の接続が、誰の目にも「成功」と映るようになっていったのだった。

チャンネル桜が投稿する画像は、YouTubeで軒並み数万～数十万の再生回数を誇り、ニコニコ動画の「政治」部門でも上位を続々独占するような状況と相成っていった。

こうなってくると、いかにネットに疎い「保守」層でも、チャンネル桜が開拓した「ネット右翼」層は、「未開の豊穣の大地」として認識されるのは当然である。

「どうも、ネット上では保守的な価値観がネットユーザー＝若者に広く受け入れられ、ある種のブームとなっているらしい」というまことしやかな噂が業界を駆け巡る。

実際、不慣れな操作で画面を確認してみると、チャンネル桜の投稿した動画の再生回数が5万とか10万、というふうに出るではないか――。それがユニークユーザーの数なのか、あるいはページビューを示すものなのか、それすらわからないまま、「なんだか今、ネットが盛り上がっているようだ」の、幻想がひとり歩きする。

それまで紙と雑誌に自閉してきた「保守」（論壇）に存在する言論人が刊行する書籍の刷り部数は、突発的なヒット作を除けば多くても1万部、通常はせいぜい数千部の範囲である。また彼らが定期的に開催する集会や勉強会などに参集する人々の数も、せいぜい数十、多くても数百が関の山であった。

発行部数150万部（公称）の産経新聞に自身のインタビューやコメントが掲載されたからといって、それに反応し、好意的なアクション（言論人へのファンレターや電話など）をよこす事例など、ほとんどゼロかあっても数件という程度である。

このような言論界の内部環境があたりまえだと思っていた「保守」論壇に存在する言論人にとって、5万、10万という動画の再生回数や、その動画に関連してコメントされる無数のユーザーによる書き込みは、正しく驚天動地のものだったに違いないし、そのコメントや書き込みが自身にとって至極好意的なものであればあるほど、彼らの本質的に劣性な部分が見えたからといって、それを面と向かって批判する勇気など持ち合わせていないのは当然である。

当時の「保守」が彼らを「まばゆい光」と形容したのは、特にこのチャンネル桜による成功事例が基礎となっているところ大であろう。

つまりこの時期、「保守」の中には、「**新しい重要な顧客**」である「ネット右翼」を更に味方に付けたいという欲望と、同時にせっかく増殖した彼らに離反されるのが怖い、という「恐怖」が同居していたのである。

恐らく、比較すれば後者の感情のほうがより強烈だろう。なまじ1000件、2000件という未曽有の賞賛コメントを観てしまった彼ら「保守」にすれば、それは「新しい重要な顧客」と映ったに違いない。

しかしそれは前提的に、インターネットへの無知と無理解が背景に在ることは言うまでもない。

## インターネットは「若者の空間」ではすでになかった

まず第一に、彼らの想定する「インターネットは若者の空間」という認識自体が、事実とは著しく違っていた。何故なら、すでにゼロ年代初頭から中盤の段階で、インターネットを利用しているのは「若者」ではなく、その中心は30代を頂点としたものであった（左頁図）。図は、総務省による2000年におけるネット利用者の性別と年代を表したものだが、この図を見ても顕著なように、2000年の段階ですでに20代と30代のネット利用者がタイで並んでいる。「若者」であるはずの10代は、男女計でわずか2・6％と、50代の利用者の半分程度になっている。

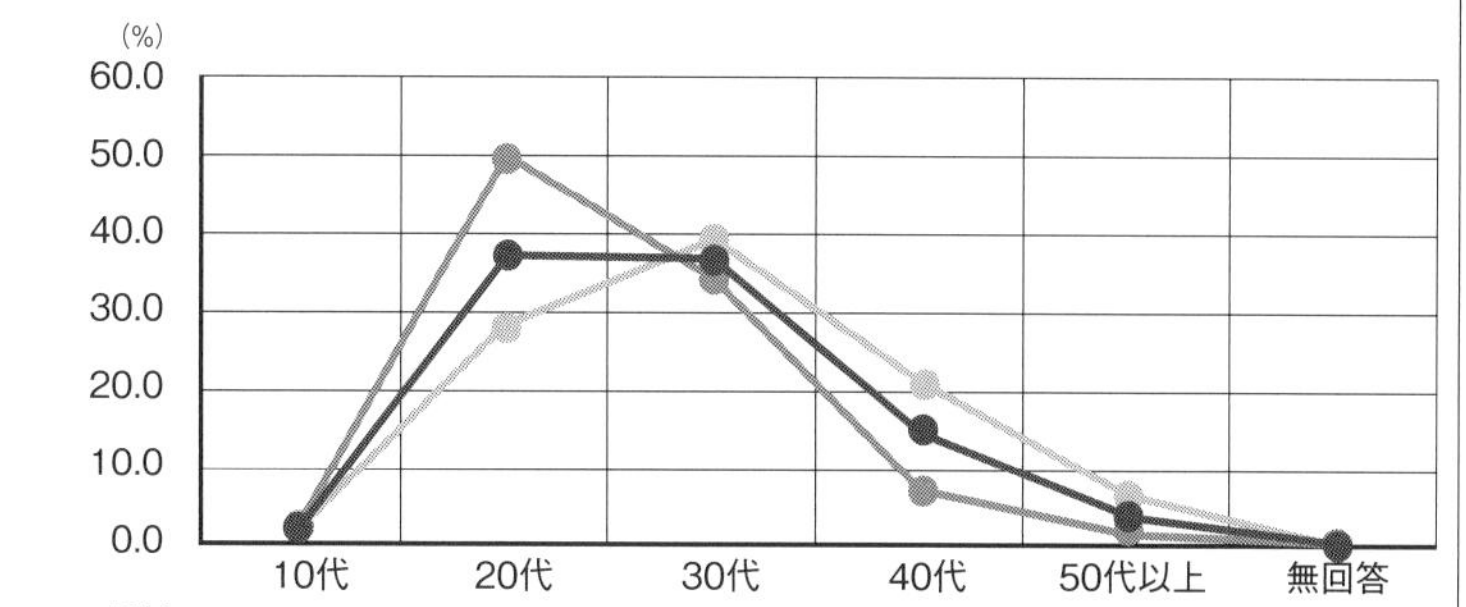


| | 10代 | 20代 | 30代 | 40代 | 50代以上 | 無回答 |
|---|---|---|---|---|---|---|
| 男性 | 1.9% | 28.9% | 39.9% | 21.4% | 6.7% | 1.1% |
| 女性 | 3.5% | 50.7% | 35.5% | 7.8% | 2.0% | 0.6% |
| 合計 | 2.6% | 38.1% | 38.1% | 15.6% | 4.7% | 0.9% |

■2000年度男女世代別ネット利用動向（出典：総務省情報通信白書）

これは、当時インターネット接続には現在よりも高価なPCやプロバイダー料金を必要とし、またやや高度な知識を必要としたからである。ネット接続は、経済的に余裕があり、またIT知識が豊富な社会人以降がその中核となるのは当たり前のことだ。**既にいまから15年前の段階で、インターネットの空間は「若者の空間」ではなかったのである。**

ネットに対してあまりにも無知だった既成の「保守」（論壇）の多くにとっては、90年代にドコモの「iモード」を筆頭として、移動体通信からネットに接続するユーザーの多くが高校生や中学生であったというイメージが強烈過ぎたのだった（いわゆる援助交際が社会問題になった時代）。

移動体通信からのネット接続は確かにティーンが多いが、前提としてある程度高度なパソコンの知識を必要とし、それなりに高い通信料と設備費を支払うことになる家庭用パソコンからのネット利用者は、そもそも90年代の段階から10代、20代の若者ではなく、30代、40代の中年層が中心である、という認識が全く欠落していたのだ。

つまり、「ネット右翼」はいたいけな10代、20代の若者であると勝手に誤解をして、まるで久方ぶりに遊びに来た孫の機嫌を取るのに必死になる老人のように、彼らの矛盾点や不備を積極的に突くという言動には、ついぞ至らなかったのである。

しかし「ネット右翼」の中心年齢が30代、40代、場合によってはそれ以上になることはすでに示したとおりであり、結句のところ彼らからすれば一回り若いかもしれないが、分別のある大人に毅然と「おかしい」と叱ることを躊躇してきた「保守」側の責任は重いといえよう。

## 保守とネット右翼のウィン・ウィンの構造

もう一つは、「文明の利器」を受容した受け手の「ネット右翼」側に重大な問題が潜んでいる。2002年から始まった「前期ネット右翼」の言説空間は「トンデモ」や「陰謀論」が飛び交い、とても新聞や雑誌、ましてテレビなどの「既成の媒体」に取り上げられるような水準のモノではなかった。

それればかりか、これは「ネット右翼」とは直接関係がないが、90年代末期からゼロ年代中盤にかけて、数々の重大殺人事件の予告の手段として使われてきたのが、2ちゃんねるをはじめとするインターネットの空間であった。２０００年の西鉄バスジャック事件によるハンドルネーム「ネオむぎ茶」による殺人予告とその実行は、一般社会や既成の大手マスメディアにおいて「ネット空間は犯罪空間とイコールである」という偏見を助長させるのに十分であった。

事実、ゼロ年代後半まで、既成の大手マスメディア、特にテレビは、「2ちゃんねる」のことを「巨大掲示板」、YouTubeのことを「動画投稿サイト」と伏せ字のように呼称し、正式のサービス名称で呼び始めたのはここ4、5年の出来事に過ぎない。「ネット右翼」は既成の大手マスメディアを激しく呪詛する一方で、自分たちが何か犯罪者の予備軍か、日陰者の存在であることを熟知し、そして内心では彼ら既成の大手マスメディアに承認されることを、実は切望していた面がある。

**そんな中でゼロ年代中盤に颯爽と登場したのが麻生太郎であった。**麻生は小泉内閣時代、総務大臣に就任すると、テレビのインタビュー番組の中で「時々2ちゃんねるに書き込んでいる」と異例の発言をしたり、「インターネットの活用の重要性」を主張したりした。それまでやはりネット空間とは疎遠と思われがちであった政治家、特に自民党の閣僚クラスの代議士から続けざまに発せられる「インターネット肯定」の発言の数々に、ネット空間では「麻生フィーバー」が発生したことは記憶にあたらしい。

現在、「ネット右翼」に絶対の人気があるとされる第二次安倍政権であるが、２００６年の第一次安倍内閣誕生の前のネット上の世論調査では、「小泉純一郎」の後継と目された「麻垣康三」（麻生太郎、谷垣禎一、福田康夫、安倍晋三）の中で、2位以下を引き離してダントツの人気を誇ったのは何を隠そう麻生太郎であった。

このようなゼロ年代中盤に顕著であったネット上の「麻生人気」は、所謂「ローゼンメイデン事件（漫画『ローゼンメイデン』を読んでいる姿が、羽田空港のロビーで目撃され、ユーザーがその模様を投稿したことにより一躍話題に）」に代表されるアニメへの親和性を窺わせる発言や、「ネット右翼」「保守」双方に親和性のあるタカ派的な言動、あるいは「メディア不信」を窺わせる言動などが散見されたこと、さらに「インターネットへの肯定的な見解と認識」が既成の大手マスメディアを通じて発信されたことによる。

麻生太郎自身は、所謂「フロッピーたん事件（ゼロ年代の段階で、フロッピーディスクが記録メディアの標準であるかのように錯覚した発言）」に象徴されるように、ネットやＩＴについては全く素人（ド素人）のレベルであったにもかかわらず、また、実際にはネット空間と親和性がない「児童ポルノ法や表現規制法」に賛成していたにもかかわらず、単に「インターネット社会に肯定的である」というキャラクターのみで「ネット右翼」から熱狂的な支持を得ていたのである。

このように、既存の大手マスメディアを呪詛しながら、一方で既存の大手マスメディアのような「権威」に承認されたいというふつふつとした願望があったからこそ、この時期の「麻生熱」がネット上で存在していたのだ。

これと同じ構図が、「保守」と「ネット右翼」の関係性の中にもみてとることができる。権威からの承認に飢えていた「ネット右翼」にとって、「保守」は彼らが初めて出会った体系的な世界観であった。

そこから承認されることは、「ネット右翼」にとってはまさに待ち望んだ「お墨付き」だったのである。「ネット右翼」は「保守」の下流に存在することに甘んじているのではなく、むしろ自ら進んで、そこに定住しようという意思さえ感じられるのである。

だから上流からもたらされた「保守」論壇の理論体系を「ネット右翼」自らが積極的に受容し、また「保守」論壇側がそのことをほぼ全面に肯定して、特段彼らに内在する瑕疵《かし》を否定しなかった事実は、「ネット右翼」からするとある種の快感であった。

チャンネル桜を通じて「ネット右翼」にもたらされた保守理論体系は、「一方通行」である、と書いてきたが、実際にはもうこの時既に、この「保守」と「ネット右翼」の両者の構造的癒着は始まっていたのだ。

「保守」側は「顧客拡大」として彼らの劣性を黙認し、一方「ネット右翼」側は「保守」という権威から承認されることで日陰者として既存の大手マスメディアに黙殺されてきた自身の承認欲求を満たす。まさにウィン・ウィンの構造の始まりだった。

しかし、「保守」の最大の読み誤りは、自らの「保守」的理論体系が、そのまま全て、その下流に位置する「ネット右翼」に到達している、と思い込んだその現状認識にこそあった。つまり、「保守」が発した言葉は、そのまますべて下流に存在する「ネット右翼」が、肥料・養分として存分に吸収している＝よって支持している、と思い込んでいたことである。

しかしこれは事実ではなかった。それはどのようなわけであろうか。次はこの問題を検証していこう。

第3章

# 「狭義のネット右翼」への分岐と「ヘッドライン寄生」

## 二つに分岐したネット右翼

さてこのように、はじめその出自が全く異なっていた「前期ネット右翼」と「保守」は、およそ2007年頃にチャンネル桜によって連結され、現在に続く「後期ネット右翼」が誕生したことは既に見てきた。

ここで、今一度これまでの事象をおさらいしよう。

1. **「保守」とは、「伝統的な自民党（清和会）の支持基盤」から誕生した出自を有する、全国紙「産経新聞」と月刊誌「正論」を中心とした論壇（産経・正論路線）とその周辺から構成されているもの**（その特色はプロローグで〝温室〟と評したとおり）。

対して「ネット右翼」は2002年のW杯日韓大会を契機にネット空間で誕生した出自を有するもの（前期ネット右翼）、であった。

2.「保守」と「前期ネット右翼」は、「チャンネル桜」の登場によって、「保守」の体系や世界観が「前期ネット右翼」に注入されたことにより、「後期ネット右翼」となり、その思想信条はほぼ一体化している。

この2点である。しかし、チャンネル桜のエッセンスを受けた前期ネット右翼のすべてが、後期ネット右翼に「進化」したのか、といえば、そうではなかった。

つまり「保守」が発した言葉は、そのまますべて下流に存在する「ネット右翼」が、肥料・養分として存分に吸収しているのではなく、実際にはほとんどザル、馬の耳に念仏のように流してしまっている層と、ほぼ額面通りしっかりと養分にしている層、**この二種類へと分岐する**のである。

左頁のネット右翼と保守の構造図をご覧頂きたい。この図は、チャンネル桜が「保守」と「ネット右翼」の二者を結びつけた以降の、現在の「保守」と「ネット右翼」を説明した俯瞰図である。

わかりにくくなるのでまず断っておくが、これは2007年以降の趨勢図であり、この時点

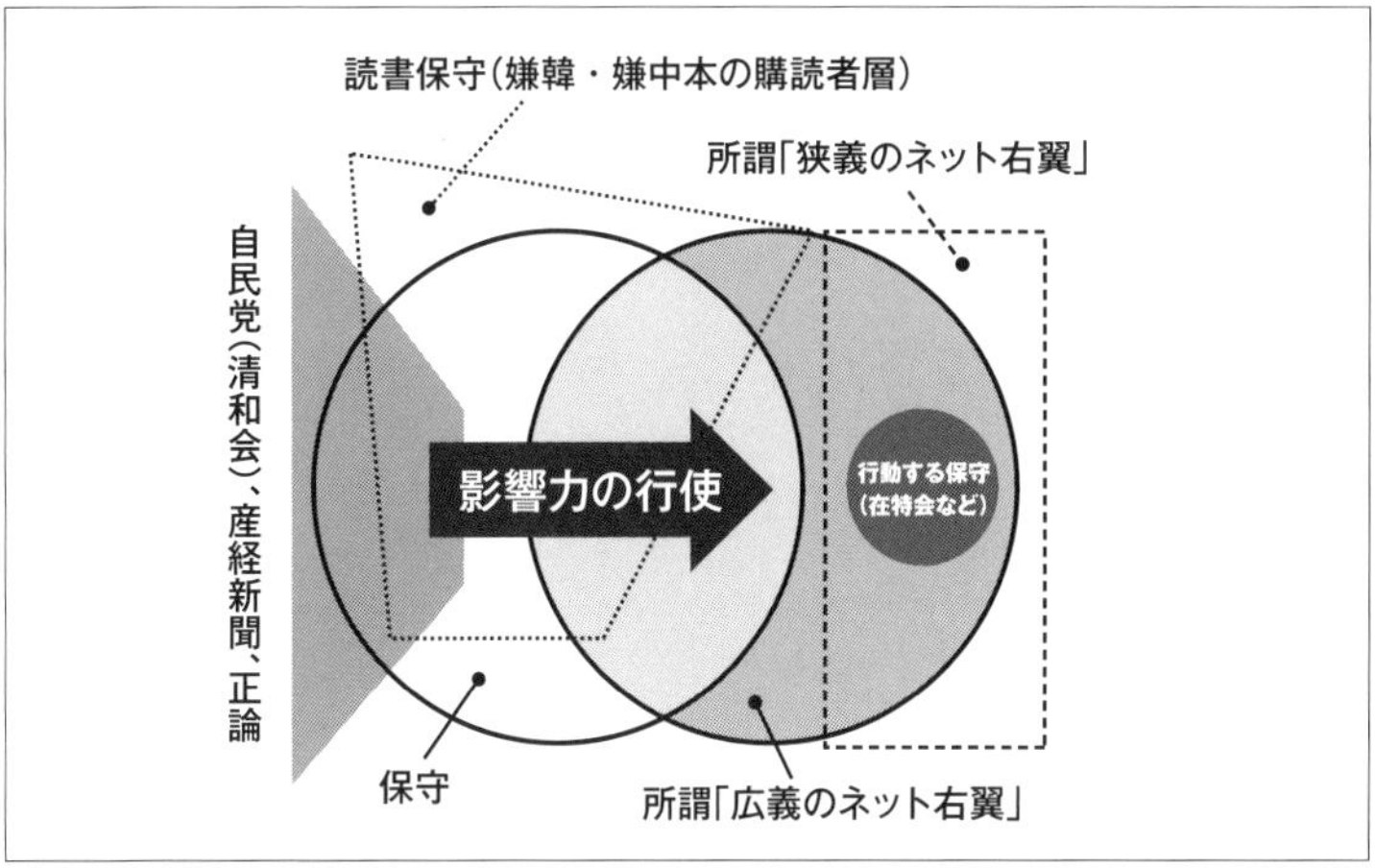


■ネット右翼と保守の構造図

ですでに、それ以前に存在していた「前期ネット右翼」「後期ネット右翼」という分類は意味をなしていないことに注意されたい。

図では、二つの大きな円の右全部を「ネット右翼」と呼称しているが、この中でもさらに「保守」の円の重複しない部分を点線で囲み、「狭義のネット右翼」と呼び、更にその中に小さな円を配置して、その部分を「行動する保守（在特会など）」と呼んでいるのがお分かりいただけると思う。

この図では、「ネット右翼」を「前期と後期」ではなく、「広義のネット右翼」と「狭義のネット右翼」に分け、「狭義のネット右翼」の中に「行動する保守」を配置している。これはどういうことか。

## 「広義のネット右翼」と「狭義のネット右翼」の違い

「広義のネット右翼」とは、既に触れたように、２００２年のW杯日韓大会以降、「伝統的な自民党（清和会）の支持基盤」＝「保守」とは別個にネット空間に発生した人々である。これは前述してきたアンチ既成のマスメディアの感情激烈な「前期ネット右翼」と同じものであると観て良い。

よって彼らは頭にある太い矢印がそうであるように、**「保守」とは別個の出自にありながら、チャンネル桜によるブリッジによって、「保守」の持つ価値観に強い影響を受けた存在である。つまり前章の定義で言えば、「保守」という文明のエッセンスに影響を受けて曲がりなりにも「近代化」した層である。これを「広義のネット右翼」と呼び、概況すれば、この人々が「前期ネット右翼」から「後期ネット右翼」に「進化」した層である。**

他方、**「狭義のネット右翼」**とは、２００２年のワールドカップ以降、「保守」と別個に生まれてきたという出自は「広義のネット右翼」と同一である。

そして「伝統的な自民党・清和会の支持基盤」＝「保守」＝チャンネル桜の影響を受けた経緯を有するのも同一だが、実際的な理解（つまり保守側からすれば浸潤）という意味に於いては彼らの影響は限定的であり、ネット空間のみ、あるいはネット空間に依拠して、特有の言動

（時として激しく差別的な）を行っている人々のことを言う。

つまり前章の定義で言えば、「保守」という文明のエッセンスに「本当の意味」で影響を受けなかった層で、概況すれば、この人々は「前期ネット右翼」の残滓、生き残りであり、あるいはそれらの文脈を全く知らないで２００７年以降に後から入ってきた「**後発組**」の人々もこの範疇に入れることができよう。

**一般に、「ネット右翼」「ネトウヨ」などと批判的な意味で使われる「ネット右翼」というのは、たいていは彼らのこと、つまりは「狭義のネット右翼」を指すものである。**

彼らの中の、さらに過激で、実際に街に出て、所謂「ヘイトスピーチ」を行っているのは、図にあるようにこの「狭義のネット右翼」の中でも最も過激な「**行動する保守**」と呼ばれるクラスタに分類される人々である。

「狭義のネット右翼」は、「伝統的な自民党・清和会の支持基盤」＝「保守」の言説に影響されているが、おおよそヘッドライン（ネットニュース・電子版の新聞記事の見出しや、書籍のタイトル）のみを簡易に解釈し（これを**ヘッドライン寄生**と呼ぶ）、ほとんど「二次接触」「三次接触」（ブロガーによる書籍や記事の引用や、動画投稿者の独自解釈に触れただけ）を、およそ検証や咀嚼もしないままネット空間だけで拡散させそこに自閉するような、知的には全く怠惰で劣後した、インターネットリテラシーが著しく低いクラスタである。

よって彼ら「狭義のネット右翼」は、「保守」から強い影響を受けているが、実際には「保守」側が出版する書籍や雑誌を購読している例は稀であり、あっても特殊な著者の場合か、一人あたりの購入量は少量にとどまる。

よって彼らは所謂「保守」のマーケットのなかではメインのプレイヤーには成り得ていないが、そのタイトルや「出版された、発行された、記事になった」という事実そのものだけを咀嚼し、ネットで「拡散」の挙に出ているから、なにか彼らが「保守」のマーケットのメインのプレイヤーのように見える。だが、事実は異なっている。

ここが、「保守」が彼ら「ネット右翼」を見誤った最大のミステイクである。「保守」は「ネット右翼」、特に「狭義のネット右翼」にまで自らの知性や理論体系が到達している＝よって支持されていると信じ込んでいる。

しかし図で明らかなように、「保守」から発せられる体系や知識が届いているのは、「広義のネット右翼」と呼ばれる人々に限局されたものであり、「狭義のネット右翼」とは無縁なのである。

## 本を読まない狭義のネット右翼

この「狭義のネット右翼」は、**ヘッドライン寄生**を行うばかりで、実際には「保守」側の文化人や知識人が刊行する書籍を読んでいるわけではない。現在出版界で「ブーム」とされる

「嫌韓・嫌中本」の読者層は、「保守」と「広義のネット右翼」には横断的に存在している（読書保守）が、「狭義のネット右翼」にまでは及んでいない。

「狭義のネット右翼」は繰り返すように「保守」側の価値観をヘッドライン寄生によりネット空間に劣化コピーしているに過ぎないから、「保守」側の価値観を書籍等で咀嚼する「広義のネット右翼」とは似ているようでいて異なっている。

「本を読んでいるかいないか」。この事実は重大であり、ここには明確な区別が必要だと思い、わざわざ「広義」と「狭義」を区分している。

繰り返すが一般に、「ネット右翼」「ネトウヨ」などと批判的な意味で使われる「ネット右翼」の中の、街頭に出て事件や事故を起こしたり、ネット上で差別的な罵詈雑言を流布する「アクティブ」な層は、この「狭義のネット右翼」のことを指しているのだ。

巷では、近年「嫌韓・嫌中本」が続々刊行されていて、あるいは同時に、こういった風潮を批判的に捉え、嘆く論評もかいま見える。「嫌韓・嫌中本」とは、読んで字のごとく韓国や中国を嫌うことを主とした内容である書籍のことであり、これが売上を伸ばしているというのである。

具体的なところでは、室谷克実氏の『呆韓論』の約27万部、シンシアリー氏の『韓国人による恥韓論』の約15万部を筆頭として、ミリオンヒットには程遠いものの、これら「◯韓論」と名前がつけられた韓国に関する書籍が、近年雨後の筍のごとく登場した。

曰く『悪韓論』『誅韓論』『愚韓新論』『犯韓論』などがそれである。同じようなタイトルの書籍が氾濫して読者にも飽きが来ないものかと訝しがるものであるが、ともかくこういった「嫌韓本」の氾濫を批判的に観る人々からは、「嫌韓本」が、「ネット右翼の排外主義的感情を刺激」し、あるいは「ネット右翼の理論的支柱を与えている」と嘆く声がある。

しかし、これら「嫌韓本」には、およそ「排外主義」とは遠い、韓国の歴史や韓国の社会風俗、事件についての事実関係のみが記述されているものがほとんどである。

例えば「狭義のネット右翼」がよく言う「在日は全員生活保護を受給している」「朝鮮人はゴキブリである」などという記述は、こういった本の中には一切記述がない。

当然のことながらこれら「嫌韓本」は、現在にあっては大手の出版社の一部も出版しており、明らかな民族差別や呪詛、もしくは「朝鮮進駐軍が100万人の日本人を殺した」「政治家の○○は在日帰化人である」などというウソや出鱈目を書けば、出版社が訴訟の対象になりかねないリスクをはらんでいる。

当然、こういった事実ではないウソが、「嫌韓本」の中に記述されているわけがない。「嫌韓本がネット右翼の排外主義的感情を刺激している」というのは、そもそも事実として存在していないのである。

しかし「狭義のネット右翼」たちが主宰するブログやツイッターでは、この手の記述が山のようにある。

## 保守の声は全く届いていない

２０１４年10月25日、毎日新聞が「読書調査」と銘打って、３０００名以上の男女を調査した。その結果、「嫌韓・嫌中本・記事を読んだ人は全体の10％だが、そのうち45％が60代以上で、10代後半は３％、20代は８％」である、と出た。「嫌韓、嫌中本」の読者が高齢化していることを窺わせる内容となった。

この「嫌韓、嫌中本」の読者を、そのまま「嫌韓、嫌中本」の内容に同意していると見做すことは早計だが、全体の母数が10％と少数であることを勘案し、仮にこの全員が「嫌韓、嫌中的傾向」への同意から書籍の購入に走っているのであれば、「ネット右翼三必須、七原則」のもっとも重要な必須条件の一つである「嫌韓・嫌中の情が極めて強いこと」を満たすものであるから、「ネット右翼」がこういった「嫌韓本」を購入している、という論を展開することは無理からぬところである。

しかし、繰り返すように、これら「嫌韓本」の中には、「朝鮮人の排外」を呼びかけたり、推奨したりするなどという記述は、極端な例外を除いて一切存在していないのだ。

およそこれらの「嫌韓本」は「保守」に分類される「保守派の知識人や言論人」によって著されるものであり、「殺せ、死ね」などの罵詈雑言や「在日コリアンは全部犯罪者で嘘つき」

などという、事実とは違ったトンデモ記述が含まれるであろうはずもない。また、常識ある編集者や校正者がそんな記述を許すとも、よもや考えられない。

つまり、街頭に出て「朝鮮人は糞喰い土人、嘘つき、ゴキブリ」と叫ぶ「ヘイトスピーチ」を繰り出す人々を「狭義のネット右翼」と書いたが、**彼らは「嫌韓」を激烈に標榜しつつも、その「嫌韓本」の理論体系すら、全くまともに咀嚼していない**のである。

彼らが唯一、「保守」の書き手が刊行するこれら「嫌韓本」に接触するのは、そのタイトルや、その内容を大まかに概説したアマゾンの商品説明やレビュー、あるいはその「嫌韓本」を読んだブロガーやツイッター利用者の感想の「二次利用」「二次閲覧」がせいぜいなのであり、彼ら「狭義のネット右翼」は「嫌韓本」すらも、ちらりと一瞥しただけで購読するには至っていない、という現状が垣間見えるのである。

**つまり「保守」の声は、「狭義のネット右翼」には、実際的には全く届いていない。**

ある「行動する保守」を熱心に支持するツイッターのユーザーは、高山正之氏と宮崎正弘氏の区別がつかず、「高山正弘」などと書いていた。

高山正之氏は「週刊新潮」に連載「変見自在」を持ち、宮崎正弘氏は中国ウォッチを通じて安保政策などを提言している、いずれも「保守派」の重鎮論客と見做されている人物だが、この両者の鑑別がつかない時点で、如何に「狭義のネット右翼」が「保守派」の書いた書籍や文献を読んでいないかが分かろうというものだ。

「狭義のネット右翼」はせいぜいが「保守」のヘッドラインに寄生（「ヘッドライン寄生」）するだけであり、彼らのもっぱらの理論的支柱や情報源は、2ちゃんねるのまとめサイト（有名なところでは、「保守速報」「ハムスター速報」「嫌特定アジアニュース」「大艦巨砲主義！」などや、あるいはYouTubeでの動画、ニコニコ動画の動画、あるいはツイッターやSNSが主であり、ネット空間にのみ、その知識源が自閉している。

「朝鮮人はゴキブリ、嘘つき、反日政治家の◯◯は在日、全員が犯罪者」などという愚にもつかない「情報ソース」は、「嫌韓本」ではなくネット空間の中にのみ、存在しているものだ。

それを「真実」と見做し、信用するクラスタは、「保守」からの事実に基づく体系だった「嫌韓理論」すらも全く無視した、異形で、質の低い劣後したユーザーであると見做さなければならない。

だから、「嫌韓本」の購入者層は「ネット右翼」の中では、「保守」の思想信条の影響を受けた「広義のネット右翼」であると見做すことができるが、「排外主義的姿勢」や「ヘイトスピーチ」を乱発する「狭義のネット右翼」は、その主要な担い手ではない。「狭義のネット右翼」は、そういった「嫌韓本」の二次接触、三次接触をしているだけで、「嫌韓本」から情報ソースを得ているわけではないのだ。

つまりこういうことが言えよう。ネット動画によって「保守」と「ネット右翼」を結びつけたチャンネル桜の功績は大なるものがあった。そこでは同社の投稿したYouTubeやニコニコ動画によって、主に新聞と雑誌に自閉してきた「保守」の体系と世界観が、「動画」によって大量に「ネット右翼」に受容された。

ここで真に、彼らの体系を咀嚼し、近代化した層は「広義のネット右翼」となった。しかし、この動画をちらりと一瞥しただけで、そのヘッドラインに寄生するにとどまり、全く近代化しなかったリテラシーの低いクラスタは、「狭義のネット右翼」として、現在、非常に多くの問題を抱えている、ということだ。

「ネット右翼」に全て「保守」からの照射が行き届いていると「保守」側が思うのは錯覚である。現在問題になっている「ネット右翼」とは、「保守」からの照射をわずかばかり「動画」によって受けているものの、なかんずくネット動画や書籍情報のヘッドラインだけを受容する「狭義のネット右翼」の姿であったのだ。

その姿は、太陽から届くわずかの光をエネルギーに、海底にうごめく深海魚に似ている。

## 沖縄県知事選挙に見る「ヘッドライン寄生」

「狭義のネット右翼」によるヘッドライン寄生の事例を、もう少し深く見ていくことにしよう。

2014年11月に実施された「沖縄県知事選挙」は、「保守」に寄生する「ネット右翼」という構図を端的に俯瞰できるサンプルとして、非常に興味深い事例だった。

まず、前提として同年11月16日に投開票された沖縄県知事選は、普天間飛行場の辺野古への移設に反対する翁長雄志《おながたけし》氏（前那覇市長）と容認派の仲井真弘多《なかいまひろかず》氏（現職）の接戦とみられたが、蓋を開けてみれば翁長氏が約36万票、仲井真氏が約26万票と、10万票という大差で翁長氏が勝利するという結果に終わった。

そんな中、「狭義のネット右翼」界隈では、投票結果とは逆に、基地移設容認を掲げる仲井真氏への支持が圧倒的に強い、という現象が見られた。彼らは、沖縄における反基地運動や集会を「反日左翼の仕業である」として、強い呪詛の対象として捉えている。加えて沖縄の米軍を「日本を護る存在」として捉え、在沖の米兵を悪者のように言うのは、「反日だ」と罵っている。

インターネット空間の中では、当選した翁長氏に対する中傷も〝百花繚乱〟であった。曰く「氏は支那（中国）から支援を受けている」「氏が知事になれば沖縄が中国に占領される」云々の言説が観られた。「ネット右翼」がこのように時として過激な「反基地」「反米軍」への敵意を剝き出しにするのは、当然のことながらその言説の源流が「保守」に寄生したものだからである。

例えば、この時期、YouTubeに匿名ユーザーが投稿した「『5分でわかる！』沖縄から米軍基地が無くなったらどうなるか？」という動画を視聴してみる。この動画は、２０１２年７月に公開され、沖縄県知事選挙の開票日までに約50万プレビューのアクセスがあったものである。

その動画の内容というのは、「沖縄が平和なのは、米軍基地が存在しているからである」という、典型的な「米軍抑止力理論」に依拠している。つまり、沖縄が中国に侵略されずに平和を保っていられるのは、日米安保あってこそであり、在沖米軍の「力の抑止」が存在しているからである、という理屈になっている。またその延長として、在沖米軍がいなくなれば、中国が沖縄を占領するという「中国脅威論」があけっぴろげに語られているのだ。

この「米軍抑止力」理論は、「保守」の中で手垢のついた「日米安保強化論」である。この理屈は、「保守」(正論路線)が、冷戦時代から「反共」「親米」というイデオロギーを標榜してきた中にあって、その言説のスタンダードの位置を占めてきたものである。

こういった「米軍抑止力理論」や「日米安保強化論」を唱える「保守」を、「親米保守」と呼ぶケースも多いが、こと「産経・正論路線」が「保守」の主流として永らく存続し、機能してきた(いる)以上、そこに寄生しているに過ぎない「ネット右翼」が「親米保守」の理屈をそのままネット上に持ち込むのは、自明といえば自明の話だ。

「保守」を擁護するわけではないが、彼らの唱える「米軍抑止力理論」にも「日米安保強化論」にも、「保守」なりの理論体系と知識が存在している。

年率二桁を超える伸びを見せる中国の国防費は、公称で約12兆円と、日本の防衛予算の2・5倍近くに膨張している。しかも、ただでさえ予算内容の不透明さが指摘されており、実際に

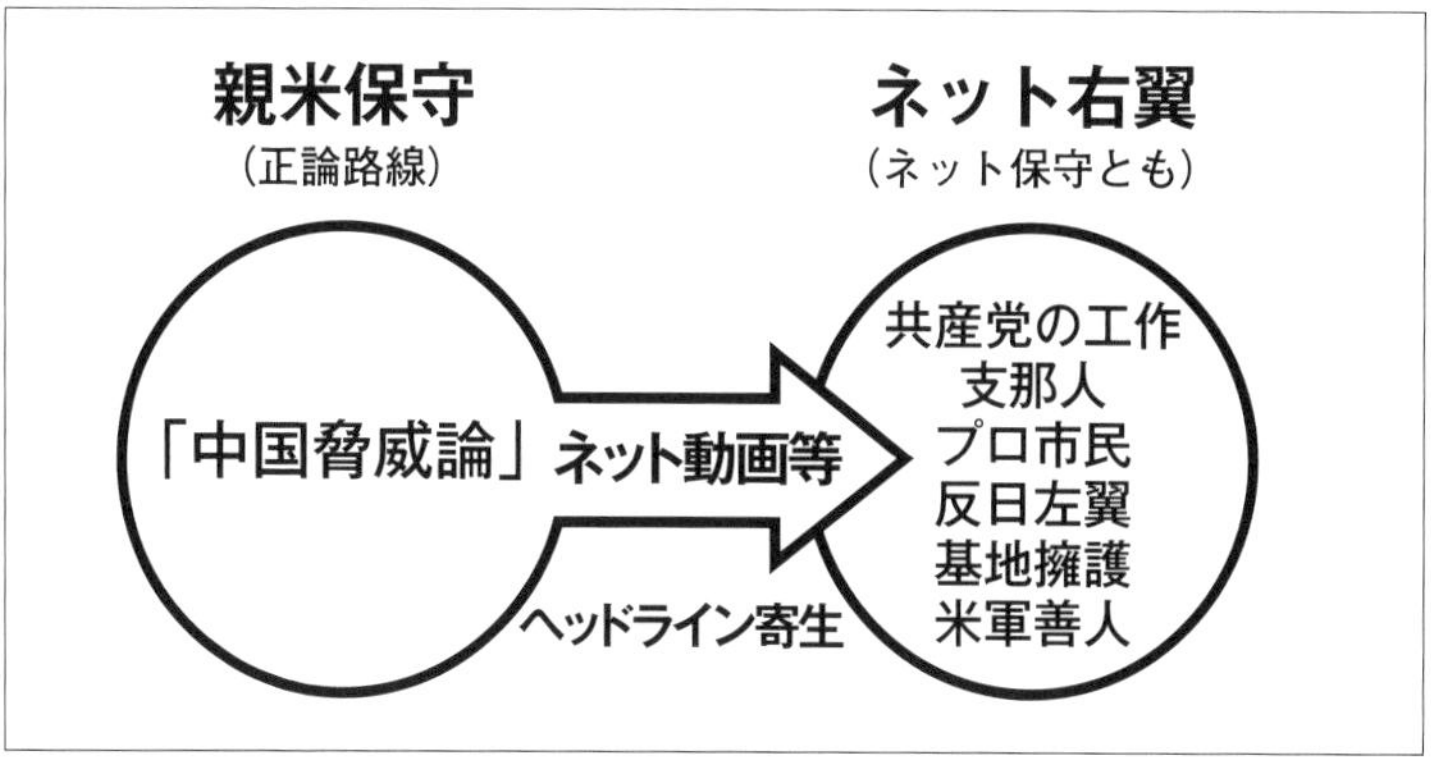


■沖縄基地問題に関する保守とネット右翼の関係

は3倍以上であると試算する向きもある。

中国人民解放軍は現代戦に欠かせない無人機（UAV）の開発に力を入れており、尖閣諸島への中国公船の出没は元より、西沙諸島、南沙諸島では実際にベトナム軍やフィリピン軍に対する武力行使や威嚇を繰り返している。

中国海軍は旧型艦が多く近代化の途上にあるとはいえ、ウクライナから購入した中古空母ヴァリャーグを練習空母として、国産空母4隻建造計画の報道もある。実現すれば、東アジアのシーパワーが大きく変更される事態だ。

中国海軍艦による火器管制レーダー照射や、尖閣諸島の領空を含む防空識別圏の設定など、日中の軍事衝突の危険性は誰が観ても高まっているといえる。更に公船ではなく民間船だが、近年では小笠原諸島周辺での中国漁船によるサンゴ密漁の事案も大きく報道された。

「保守」の唱える「米軍抑止力理論」や「日米安保強化論」は、こういった特に日本周辺海域における、「中国脅威論」に代表される、喫緊の軍事的な緊張を背景にしてなされているものであって、それはそれとして理にかなっている話である。

ところが先の「『5分でわかる！』沖縄から米軍基地が無くなったらどうなる？」の中には、こういった「保守」の理論体系がすっ飛ばされ、なにやらアメリカ海兵隊あたりが宣伝用に制作したような米兵のイメージ映像が大仰に（しかも恐らく著作権を無視して）差し込まれているだけだ。

そこにあるのは単純な米軍礼賛であって、「米軍抑止力理論」や「日米安保強化論」とかそういうレベルの話ではない。如何にこの動画の作者が、「保守派」の流す理論体系を咀嚼もせず、雑駁な「中国脅威論」のヘッドラインだけに寄生しているのかが分かる。

## 言論とは言いがたい粗悪な言説が流通

更に悪いのは、この動画の中で「中国脅威論」の証拠としてインサート（引用挿入）されているインタビューである。

その中に登場するある保守系のジャーナリストの、「もし、沖縄から米軍が撤退したら、中国人民解放軍の工作員が忍び込んで、あっという間に沖縄が中国に占領される」という自説が、傍証としてこの動画の中に引用されているのである。

しかしこの自説は、あくまで彼の「シミュレーション」に過ぎない。しかも動画内で引用されているこの場面というのは、安保政策でタカ派的価値観を標榜するある宗教団体が母体となって設立した、宗教系出版社から刊行された書籍の、特典付録映像として収録されたDVD映像からの引用なのである。

私はジャーナリストが宗教団体に関与したり懇意にしたりするべきではない、と言っているのではない。宗教団体が制作するビデオ番組に出演するべきではない、とも言っていない。

しかし、「沖縄に中国の工作員が紛れ込んだ末、中国軍が沖縄を占領する」というストーリーは、数多くの（かなり滅茶苦茶で突拍子もない）可能性の中の一つに過ぎないが、こうした「親米保守」と目される保守派の人々が「シミュレーション」として語った筋書きの一つが、まるで「重大な根拠」のようにしてネット動画の中で引用され、それがネット空間で拡散されている現実がある。このことからも「ネット右翼」が如何に「保守」の論調に寄生し、それを無批判・無検証に拡散させているのかが、分かるだろう。

「『5分でわかる！』沖縄から米軍基地が無くなったらどうなるか？」という動画は、「ネット右翼」が「保守」に「ヘッドライン寄生」していることを示す典型的な証拠であると同時に、「ネット右翼」の宿主たる「保守」自身の言説が、相当突拍子もない、誇大でトンデモな言説に終始しているという問題をも浮かび上がらせている。

つまり、「ネット右翼」の安直な「ヘッドライン寄生」ばかりが問題なのではなく、元々の宿主である「保守」の言説の中に、「中国軍が沖縄を占領する」などという到底「言論」とは言いがたい(それがたとえ宗教団体の制作したDVDの中でのシミュレーションであっても)、粗悪なものが存在していることが原因となっている、という事実である。

「中国軍が沖縄を占領する」というシミュレーションを本気で展開するのであれば、精密な事実の確認と点検が必要であろう。中国海軍が持つ揚陸能力はどの程度なのか。またその揚陸能力でどれほどの軍事作戦が可能なのか。また、それに対抗する我が方(自衛隊)の戦力は如何程のものであるのか(あるいは将来にわたって、彼我の兵力差はどの程度になるのか、といった軍事的予測)。

それらを総覧したその先に「中国軍が沖縄を占領する」というシミュレーションが出てくるのならまだ分かるが、動画を観た限りにおいては、その保守系のジャーナリストの言う「シミュレーション」には根拠らしい根拠が何一つ存在していない。具体的な数字の裏付けもなく、「なんとなく、俺がそう思った」という、空想、妄想のたぐいに終始している。これは「言論」などではないし、論客のする所業ではない。昨今の架空戦記だってもう少しマシな「空想」をすると思う。

上流に位置する「保守」が、下流の「ネット右翼」に対して発している言説の大本がそもそも歪んでいることは、あながち「ヘッドライン寄生」のみが「ネット右翼」の粗悪な言説に繫がっているとは言い切れない要素をはらんでいる。上流から流れてくる川の水自体が、重金属や農薬で汚染されていたのだとしたら、それを無防備に飲み水として使用している下流の住民ばかりにその責任を求めるのも酷、という話に似ている。この事例は、本書後半でまた詳しく分析する。

## 「嫌韓本」とヘイトスピーチに相関はない

これと全く同じ構造は、中国に限ったことではなく韓国に関する言説一般にも適用することができるだろう。例えば、先ほども紹介したように、韓国社会や韓国経済、韓国の政治や歴史に関する事実を扱った書籍やムックなどの数々が、近年急速に少なくない書店の一角を占めるようになってきている、とされる。

これを「嫌韓本(嫌韓出版物)」として一括し、「韓国を不当に貶め、韓国人に対するヘイト(民族的憎悪)を煽るものである」として、2014年11月11日から16日まで、韓国国会図書館で展示されるまでの事態に陥っている(次頁図参照)。

この展示会の出展図書にはなぜか、私が2014年8月に出版した『もう、無韓心でいい』(ワック)が混入している。

手前味噌ながらこの本は「嫌韓本」どころか、寧ろ、韓国が問題視するところの「ヘイトス

■韓国国会図書館で2014年11月に開催された「日本ヘイトスピーチ・嫌韓出版物展示会」のポスター

ピーチや安直な嫌韓の風潮」を憂う内容であり、事実に基づかない所謂「在日特権」や、韓国よりもはるかに日本の防衛にとって危険な中国の海洋進出への対抗策を提言する内容の本なのだが、「韓国を不当に貶め、韓国人に対するヘイトを煽るもの」とされてしまった。ここから推測するに、取り急ぎ本文を一切読まず（日本語読解能力がないのか）、「韓国」というキーワードが入ったタイトルの本を展示しただけのお粗末な展示会だったようだ。

ともあれ、韓国に限らず、日本国内にあっても、同じくこうした「嫌韓本」を「民族憎悪（ヘイト）を助長するものである」として、問題視する動きが顕著になっていることは繰り返し言うまでもない。

中国や韓国を批判する「嫌中憎韓」本の売れ行きが好調な出版界。憎悪をあおるような言説を疑問視しブームに対抗しようという動きが内部から出始めた。（中略）

東京都内の出版社の一室で4月下旬、大手から中小まで様々な出版社の社員約20人が議論を交わしていた。他国や他民族への憎悪をあおる言説に出版界の中から歯止めをかけられないか。そんな考えからフェイスブックなどを通じて集まった「ヘイトスピーチと排外主義に加担しない出版関係者の会」のメンバーだ。

会社に秘密で参加している人も多く、今後どのような活動ができるのかはまだ未知数だが、事務局の岩下結さんは「今の状況をおかしいと思っている人が多いことを示したかった。のろしをあげることに意味がある。今後も会合を開き、出版界全体で考える流れを作っていきたい」という。

外交関係の緊張を背景に、中国や韓国を批判する本は昨年秋ごろから売れ始めた。今年上半期、新書・ノンフィクション部門の週間ベストセラーリスト(トーハン)には『韓国人による恥韓論』『犯韓論』など両国をテーマにした本が7冊、トップ10入りした。中でも『呆韓論』は10週連続で1位。濃淡はあるが、いずれも様々な角度から両国を批判する内容で、売り場の目立つ場所で特集している書店も多い(後略)。

(朝日新聞 2014年6月18日「これでいいのか「嫌中憎韓」ブームの出版界に疑問の声」守真弓記者。傍点筆者)

朝日新聞に2014年6月に掲載されたこの記事は、まさしく近年書店の一角をじわりと侵食する「嫌韓・嫌中本ブーム」に一石を投じた内容である。とりわけ「嫌韓本」に関しては、傍点部にあるように「憎悪をあおるような言説」として、「嫌韓」よりも表現の険しい「憎韓本」として定義し、これを憂う内容のものである。

実際には、このように「嫌韓本」と定義され、時として「憎悪をあおる」として「問題視」される出版物の数々は、既に97頁で述べたとおり、「嫌韓本」「憎韓本」というよりも「知韓本」の類と見做さなくてはならない。

なぜなら「嫌韓本」と類される本の殆どは、韓国を憎悪し呪詛する内容というよりも、韓国の政治や経済や歴史の「事実」を、韓国に馴染みのない読者に伝えようという意図がその根本にあるためである。つまり、憎悪をあおるというものではなく、むしろ「韓国という国をより深く理解する趣旨」という「より深く知る」といった企画意図が根底にあるのである。

先の韓国国会図書館での展示会ではこういった「嫌韓本」を「ヘイトスピーチ（憎悪表現）」といとも簡単に結びつけているが、実際には「嫌韓本」と「ヘイトスピーチ」には相関は殆ど見られない。

つまり、韓国のみならず日本国内でも問題視される「嫌韓本」は、「ネット右翼」や所謂「狭義のネット右翼」であるところの「行動する保守」の言説とは似ても似つかないものなのである。先の沖縄の事例と併せて、「ネット右翼」の最も大きな特性といえる「嫌韓」のカテゴリーで、「ヘッドライン寄生」がどのように行われていくか、次に詳しく観ていこう。

## 「韓国あるある与太話」の一種

元時事通信社ソウル特派員の室谷克実氏が、2013年12月に産経新聞社から発行した『呆韓論』は、2014年末現在までにおいて約27万部の発行部数を誇るベストセラーになっている。この『呆韓論』は、先に引用した朝日新聞の記事の中にあっても「中でも『呆韓論』は10週連続で1位」と指摘されている、「嫌韓本」の類書の中でも最も発行部数が多い、代表と目されている書籍であり、「保守論客」と目される室谷氏による著作でもあり、例示するのに最適な書籍といえよう。

『呆韓論』の骨子とは、「自由と民主主義という〝西側〟の価値観を共有する（とされてきた）韓国という国家が、そうした旧態依然とした冷戦時代の価値観では語れないほど、後進的な国家である」という著者の信念を元に、その証拠を自身の体験や伝聞に求めたエッセイ風のエピソード集、という体をとっている。

実際に著者は記者としてソウルに赴任したのだから、「自由と民主主義という〝西側〟の価値観」から著しく逸脱した韓国社会の実態を自身で体験しているし、また同僚から伝聞した経験を多数有してもいる。

曰く、「韓国では一流ホテルにもかかわらず漏水事故や設計ミスがあり、安全意識や道徳意識が欠如している」、曰く「韓国本土の人間は半チョッパリ（在日コリアン）を蔑視したり、病人や高齢者や障害者や肉体労働者を嘲笑したりする人権意識後進国」、曰く「韓国の一流のレストランや料亭でも食材の使い回しが疑われるほどの衛生意識の欠如」、曰く「韓国は強姦の犯罪数が飛び抜けて多い強姦大国であり、韓国人売春婦が世界に進出して性を売っている」云々である。

その他、縷々「韓国社会の当世事情」が列挙されているが、要するに『呆韓論』の大意とは「韓国は未開で野蛮な後進国である」というニュアンスに貫かれている。

この本で指摘されている内容のほとんどは、事実を元にした「論評」の域を出ないものであり、「韓国への憎悪を掻き立てる内容」に直結しているとは言いがたいと思う。

韓国が「人権意識後進国」であるか否かは論議のあるところだと思うが、少なくとも韓国は1988年の盧泰愚《ノテウ》政権以前は軍事政権であり、文民政権の誕生は、直近のほんの20年である。この点を抜き出してみても、韓国の民主主義が西側のそれにくらべて、その歴史の中にあってごく短い経緯しか歩んでいないのは厳然たる事実であろう。

また「韓国は衛生意識や安全意識が欠如している」かについても論議のあるところであるが、実際に韓国では1994年の聖水大橋崩落事故、1995年の三豊デパート崩落事故、1995年の大邱《テグ》市地下鉄ガス爆発事故や、近年では2014年に起こったセウォル号沈没事故など、韓国でも「安全不感症」と呼ばれる重大事故が頻発しているし、ごく最近（2014年）では大韓航空による「ナッツリターン事件」などというものもあった。大韓航空副社長の女が、添乗員によるナッツの出し方に腹を立て、機の離陸を独断で遅らせたという前代未聞の珍事だ（結局、彼女の行為には韓国の裁判所が実刑判決を下した）。このようなことからも、あながち室谷氏の指摘は的はずれな論評である、とはいえない。

また「韓国は強姦大国であり、売春婦の輸出国」であるというのも、ＯＥＣＤの統計上、韓国の強姦の刑法認知率はトップではないが先進国では上位に位置するから、その表現はともかく、すくなくとも「性犯罪多発国」という誇りは免れないであろう。

しかしこうした論調の一方で室谷氏は、『呆韓論』の中で、

「（韓国本土に）金を落としに来た日本人観光客が、露骨な差別を受けることはまず無い」

（１６５頁）

と記述し、韓国の「反日」はぶらりと韓国に旅行に来た一般の日本人観光客に危害を及ぼすレベルではないことを明確に記述しているし、またその「韓国の反日」とて、

「盧泰愚より上の世代には、日韓併合時代の思い出がある。田舎の旅館に泊まった所、老主人が〝解放後、日本人と話すのは初めてだ。よく来てくれた〟と大喜びし、近所の同級

生を呼び出して大宴会になったこともあった」（86頁）

として、一筋縄ではいかない韓国人の複雑な対日感情を示すエピソードを、紹介する記述が存在しているのである。

繰り返すように「韓国が人権意識後進国」「安全・衛生意識の欠如した国」であるか否かはその評価がわかれるとしても、そもそも室谷氏の『呆韓論』自体に、「韓国を憎悪する内容」とか「ヘイトスピーチを煽る内容」があるとは到底思えない。『呆韓論』とは、私からすれば、韓国に永く住んだ体験を有する識者が著した、「韓国あるある お笑い与太話」のたぐいの一種であり、「韓国呪詛の本」とは程遠い印象を受ける。

## 日本にも当てはまる事例ばかり

既に詳述したとおり、「狭義のネット右翼」が発する、「朝鮮人を殺せ、日本から追い出せ！」「ゴミはゴミ箱へ、朝鮮人は半島へ！」「韓国人はうんこ土人」などという記述は、この『呆韓論』には、ただの一行も、一句も存在していない。

在日コリアンを排斥せよとか、日本から追い出せとか、韓国と国交を断絶せよ、という主張は、『呆韓論』の中には全く登場しない。『呆韓論』とは読んで字のごとく、著者が韓国赴任期間に彼の国で経験した各種の「韓国社会・韓国人あるある与太話」をエッセイ風にまとめたものに過ぎない。

もっと言えば、この本の中で提示された内容というのは、世界中のどの国にあっても、そこに永く滞在していれば、必然思い当たり、また気がつくような人類社会に存在する普遍的な「失敗例」である。

例えば、『呆韓論』に記述される「韓国では一流ホテルにもかかわらず漏水事故や設計ミスがあり、安全意識や道徳意識が欠如している」は、日本にあっては、1982年のホテルニュージャパン火災事故や、2005年ごろに発覚した「耐震偽装事件」（株式会社ヒューザーの施工したマンションが、耐震基準以下の粗悪なものであったことが発覚し、建物解体・建て替えなどの大問題に発展した）と対照されよう。もしくは、「3・11」の福島原発事故（津波想定のミス）や、1985年の日航機墜落事故（事故前の、伊丹空港での尻もち事故で後部圧力隔壁が損傷したものを、ボーイング社が十分に修理していなかった事実を見抜けなかった）とも比較できるかもしれない。

また「韓国本土の人間は半チョッパリ（在日コリアン）を蔑視したり、病人や高齢者や障害者や肉体労働者を嘲笑したりする人権意識後進国」というのは、日本にあってはブラック企業の問題や障害者施設での虐待事件、あるいは1997年に起こったハンセン病元患者入浴拒否問題（熊本県のアイレディース宮殿黒川温泉ホテルが、元ハンセン病患者の集団宿泊を、他の宿泊客に悪い印象を与えるとして拒否した問題。差別事件として大問題になり、当該旅館は騒動後に閉館した）とも対照される事案だろう。

「韓国は強姦の犯罪数が飛び抜けて多い強姦大国であり、韓国人売春婦が世界に進出して性を売っている」にいたっては、日本のアダルトビデオがアジア圏で大きな支持を受け、また日本が「児童ポルノの輸出国」であると国際的な誇りの対象になっていることとそっくりそのまま同じ構図なのではないか。

『呆韓論』で例示される韓国社会のお粗末さ加減は、「韓国」を「日本」に置き換えることにより、日本であってもすべて当てはまる普遍的な「社会に内包される欠陥性」という問題である、と見做すことができるのである。

にもかかわらず、『呆韓論』を筆頭とした「嫌韓本」が、「韓国憎悪」の「ヘイトスピーチ」として何のためらいもなくその相関性の中に結び付けられている。実際の「嫌韓本」の中には「韓国憎悪」の要素は存在しないにもかかわらず、こういった出版物が「韓国や在日コリアンへのヘイトスピーチを煽る存在」として認知されているのである。

## タイトルと目次だけを寄生的に引用

試しに、本書『呆韓論』を紹介したりリンクしたりしているネットブロガーの記事やページを訪問してみる。すると、『呆韓論』本文では全く触れていない、またぞろ前出の「朝鮮人を殺せ、日本から追い出せ！」「ゴミはゴミ箱へ、朝鮮人は半島へ！」「韓国人はうんこ土人」という韓国人へのヘイト表現を煽る記事と合わせて、往々にして「おすすめ書籍」などという記述で『呆韓論』へのリンクが貼られたりしていることが圧倒的に多い。

「朝鮮人は昔から嘘つき土人であり、ゴキブリ民族である」という、見るに耐えない差別の言説が氾濫するブロガーの記事の中に、何の躊躇もなく『呆韓論』へのアマゾン・リンクが挿入されていたりする。一つや二つではない。私が簡単に確認しただけで二桁を超える「ネット右翼」を標榜するブログやウェブサイトに、『呆韓論』が紐付けられていた。精密にこの作業をやればその数、三桁は軽く超えるだろう。

彼らは、実のところ『呆韓論』を全く読んでいないのは明らかである。アマゾンの「商品ページ」の中にある、「恥を知らない国際非常識国家」「世界から軽蔑される哀れな反日病「本当に恐ろしい人間差別大国」というこの本の目次（章構成）だけを観てその内容を類推したのか、実際の『呆韓論』の内容には一言も触れずして、自らの差別的な言説に『呆韓論』を何の躊躇もなく紐付けているのである。

つまり、時として「憎韓本」として揶揄される「嫌韓本」の類には、実際には「憎悪（ヘイト）」という内容とは程遠い著者の実体験や論評のみが記述されているが、「ネット右翼」はその「嫌韓本」すら読まず、「ヘッドライン」にのみ寄生している、という事実が浮かび上がってくるのである。

正しくこの現象は、「保守」から流される知識体系をその下流にある「狭義のネット右翼」が、「ヘッドライン寄生」して、そのタイトルと目次だけを寄生的に引用していることの象徴的な事例であろう。**これこそ、「狭義のネット右翼」の実態であり正体である。**

無論、これは「保守」の下流域に寄生するネット右翼だけにその責任のすべてをなすりつけることが出来る問題ではない。そもそも、著書の内容と大きく乖離した「恥を知らない〜」「哀れな〜」「〜差別大国」という見出しをつける編集者や出版社の側にも、大きな問題があると指摘しなければならないだろう。

なぜ彼らはこういった「扇情的」とも取れる見出しをつけるのか。それは言わずもがな、そういった表現を好む「狭義のネット右翼」を「新しい重要な顧客」とみなしていて、それらのタイトルが彼らの購買に訴求することを狙ってのことであろう。あるいは、著者の原稿通りの穏当でソフトなヘッドラインだと、彼らが読者層から離反することを恐れているからであろう。この「狭義のネット右翼」を「新しい重要な顧客」と「錯覚」する問題は、既に繰り返し指摘してきた通りだ。

が、なおも繰り返すように、彼ら「狭義のネット右翼」はタイトルと見出しに寄生（ヘッドライン寄生）するだけで、幾ら見出しを扇情的にしても意味がない。寧ろこういった行為は、著者の品格を貶める行為であるし、商業的にも意味がないので、厳に手厳しく糾弾しなければならないのである。

## トンスルを試飲するルポ記事

あるいは、『呆韓論』だけにかぎらず、「嫌韓」を標榜するムックが多く発売されている事実を指して、前出の朝日新聞のような論調の中で「売れるから嫌韓・嫌中記事」を掲載している、と批判の対象にされる本が種々存在している。例えばこの中のある事例を観てみることにしよう。

２０１４年２月にオークラ出版から刊行された『呆れた！韓国』というムックがある。タイトルだけ見ると、前出の室谷氏の『呆韓論』に極めて近いようなニュアンスを受ける。『呆韓論』自体を批判的に捉えるのであれば、間違いなくこの『呆れた！韓国』もその批判の槍玉に挙げられるであろう「嫌韓企画本」の一種と言えると思う。

このムックの中には、「保守系」と目されるライターも多数参加して構成されたものだった。ちなみに拙稿『愛と幻想の韓国』もこのムックの中に掲載されている。

これは無論、作家・村上龍氏の長編小説『愛と幻想のファシズム』からもじったもので、２０１２年に私が鬱陵島《ウルルンとう》と竹島に渡韓した体験談をジョークを交えてエッセイ風にしたためたものである。

ともあれ、このように「保守系」ライターが集結して執筆されたこのムックの中には、注目するべき一章がある。

それは、映像ディレクターの内田有香氏という人が、女一人で単身渡韓し、「韓国に伝統的に伝わるとされるトンスルを試飲する」という内容のものだ。

「トンスル」に馴染みのない人のために簡単に解説を加えると、「トンスル」とは韓国語で「人糞」の意味。人の大便を発酵させて熟成させ、醸造酒として風味を付けたものが「トンスル（酒）」という塩梅である。ネット上ではこの「トンスル」を引用して、「朝鮮人は糞喰い土人」「トンスル民族朝鮮」の大合唱が、主に「狭義のネット右翼」の側から盛んに喧伝されている。

ある「行動する保守」のデモ行進の動画には、デモ参加者の一人が「トンスル朝鮮人は日本から出て行け」というプラカードを堂々と掲げて行進していた。要するに、人糞を食う（飲む）ような未開の蛮族である韓国人は人間ではないのだから、日本から追い出すべきである、という醜悪な差別的言説である。

この「トンスル」というキーワードは、「行動する保守」に代表される「狭義のネット右翼」が必ずデモや集会、あるいはその手の書き込みの中で頻用するキーワードである。試しに、ツイッターの検索窓に「トンスル」という四文字を打っていただければ分かる。

「トンスル」に紐付けられた「ゴキブリ朝鮮人」「朝鮮ヒトモドキ」「朝鮮人を〝一匹〟みたら

犯罪者と思え」などという醜悪な差別的言説の中に必ず「トンスル」という単語が紐付けられている。

『呆れた！韓国』の中で内田氏は、「ネットで言われているように、果たして本当に韓国人はトンスルを飲んでいるのか」という好奇心の下、渡韓する。このネットで巷間囁かれている「韓国人＝トンスル愛用説」は2009年7月31日に、ネットメディアのロケットニュースが、〝韓国伝統の人糞酒『トンスル』とはどんな酒なのか〟と題して短い記事の中で紹介したことを発端にしている。

この記事の中では、

「（トンスルは）けっこう現代の韓国でも愛飲されているようで、韓国に嫁いだ日本人女性のブログでは『トンスルってご存知ですか？　韓国語でそのまま〝うんこ酒〟なんですが。まぁ〝うんち酒〟でも〝ババ酒〟でも〝大便酒〟でもええんやけど。このうんこ酒。いわゆる漢方の一つなんだそうです』と、嫁ぎ先で『トンスル』に出会ったことを報告している」「『トンスル』には解熱作用や解毒作用があるらしく、特に韓国の田舎のほうではよく愛飲されているようである」

と紹介されている。しかし、実際には800文字に満たないこの短い雑文のような記事は無記名で、しかも「トンスル」存在の根拠として出典不明の韓国在住の日本人ブロガーを挙げているのみである。「トンスル」が現在の韓国、とくに田舎で愛用されている、という事実関係の根拠は全く示されていない。

内田氏の渡韓は、このようなネットでの報道の真偽を確かめるために行われた側面も大きいと、記事中で述べているのである。

しかし渡韓した内田氏を待っていた現実とは、現地の韓国人は誰も「トンスル」など飲んでいないし飲んだこともない、という厳然たる事実であった（実際、私が韓国を旅行してみても、〝トンスル〟などという頓狂な酒に出会ったことなど一度もない）。そこで人づてに韓国漢方の専門家の伝手に頼った所、ようやく「トンスル」に行き着くことが出来たのだった。

しかしその韓国漢方の専門家ですら、「トンスル」を作るのは人生初めてのことで、「韓国で作ることができるのは、もはや現代において自分だけではないか」と自称するまでの「絶滅危惧種」であったのである。

## 全てネット空間に自閉した情報から

要するに、古代韓国では確かに漢方としての「トンスル」は存在していたようだが、当然のこと現在ではそれはまったく廃れてしまっている。人糞を発酵させて酒にし、医薬の代わりにするという発想自体、当然近代化して久しい韓国では現存しない事実である。

それでも、古代の韓国文献を元に「トンスル」を現代に蘇らせた韓国漢方の専門家が「急造」した「トンスル」を飲んでみた内田氏は、「マッコリの様な甘い味」だが臭みが強烈で吐いてしまった、と述懐する。

つまり「トンスル」なる「人糞酒」はこのムックの中で、その現存がはっきりと否定されている「幻の古代酒」の類（都市伝説）だったのだが、ネット空間では相変わらず、前出のように「トンスル」と「韓国人」が差別的な文脈の中で強烈に紐付けられている。

これは言わずもがな、前出の「ロケットニュース」の不正確な「飛ばし記事」に強烈に影響を受けたものであり、事実とは全く違っている。

前出の「ロケットニュース」の記事は、記者がどこぞのブログの断片から拾ってきた推測に基づく出鱈目な記事であり、そもそもこの記事の元になっている韓国在住の日本人ブロガーという女性が実在するかどうかかも怪しい。大方、2ちゃんねるかなにかのスレッドの書き込みを、妄想で記事化したものであろう。誤解を拡散させた張本人として、大変罪深い。

ともあれ、このような**「韓国人トンスル愛用説」は、「嫌韓企画本」と看做される書籍の中で、はっきりと、完全に否定されている**のだ。

「嫌韓本」が「ヘイトスピーチ」に影響を与えている、というが、寧ろこの手の「嫌韓企画本

（ムック）」は、ネット上の俗説やトンデモ説を実際の取材により否定し、一蹴している。

にもかかわらず、その内容を全く読まず、無視したまま、未だに「狭義のネット右翼」は「嫌韓本」ではなく「ロケットニュース」に記述された醜悪な妄想記事こそ、信用に足るソースとして絶対の重きをおき、それを無批判に受容し、寄生することで、「トンスル」を聞くに堪えない差別的な言説の中で、まるで慣用句のように使用しているのが現実である。「トンスル」を「韓国人の後進性」と結びつけて醜悪な差別的言説を繰り返す「狭義のネット右翼」は、実際にはネット上での情報のみに依拠しているだけであり、「保守」の論客やライターが著す「嫌韓本」もしくは「嫌韓企画本（ムック）」には、全くと言ってよいほど触れていない。

彼らの依拠する情報源は、全てネット空間の中に自閉しているのであり、ネット空間だけに隔絶されている。出版物とは全く関係がないのである。

このように、「嫌韓本」は、実際には、真に最も激しいヘイトスピーチを繰り返す「狭義のネット右翼」には全く届いておらず、また彼ら「狭義のネット右翼」は、「嫌韓本」すら読むことをしない、「保守」の理論体系から全くかけ離れた、その目次（ヘッドライン）にのみ寄生する存在なのである。

ところが都合の悪いことに、彼らは「保守」の発するセンテンスの短い動画からは、一定の影響を受けているのである。**本ではなく動画。これが「狭義のネット右翼」が依拠する精神的**

**支柱の根本であり、最大の特徴**である。

この事実を踏まえずして、巷間あふれる「嫌韓本」が「ヘイトスピーチ」に影響を与えている、というのはとんだミステイクである。繰り返し述べるように、彼らは所謂「嫌韓本」や「嫌韓企画本（ムック）」すら読んでいないのだから。

このような「保守」の体系に「ヘッドライン寄生」する「狭義のネット右翼」の事例は、韓国関係に限っても、他にも山のように存在しているのだ。

『呆韓論』のような出版業界的なヒットをあてこんで、後続として『悪韓論』『誅韓論』『愚韓新論』『犯韓論』『非韓論』などという二番煎じの類書が次々と刊行される状況（特に2013—2014）であったが、『呆韓論』と同じくこういった書籍の著者であるところの「保守」に寄りかかり、「ヘッドライン寄生」する「狭義のネット右翼」という構図は些かも変化がない。

「朝鮮人は人間ではなく昆虫のゴキブリと同列であり、人間ではない〝ヒトモドキ〟である」、という常軌を逸した異様な差別言説を垂れ流すブログやSNSの発信者（狭義のネット右翼）が、躊躇なくこれら「○韓論」という本を紹介するリンクやツイートを頻発させている。

それらの本の中には当然のこと**「ゴキブリ」だの、「ヒトモドキ」だのの記述は一切ないにもかかわらず、角度によっては「韓国を揶揄する」風に見えるタイトルや目次の印象だけに便乗し、これらを自分たちの醜悪な差別的言説の傍証として引用しているの**である。

## アニメオタク面目躍如の依頼

かくいう私も、これまで幾多の「嫌韓本」と批判されるであろう雑誌やムックの出版元から執筆依頼を受け、それに応じてきた。基本的に私は、根底から私の主義主張と異なるような「差別的媒体」ではない限り、その要請を原則受諾する方針を貫いているので、数多くの「嫌韓」に分類されるであろう媒体に、私の韓国に関する論評が掲載されている。その一つが、前出した『呆れた！韓国』であった。

あるとき、ある出版社の編集者から、「韓国の大衆文化における日本文化からの剽窃の事例を論じてほしい」という依頼を受けた。要するに「韓国大衆文化の中に存在する、日本文化からのパクリの事例を書いてほしい」という注文である。

私は幼少時代からアニメに慣れ親しんできた「アニメオタク」の自負がある。詳細は長くなるから書かないが、1995年から放送された『新世紀エヴァンゲリオン』をリアルタイムで視聴してきた生粋の「第三世代」アニメオタクに分類される人間だ。だから、この依頼は私の趣味性にも通じる面目躍如の依頼である、と歓喜した。

そこで、その注文に応じる格好の題材として、私は韓国のあるアニメ作品を選んだ。2003年に韓国で劇場公開された『ワンダフルデイズ』というSFアニメである。この作品は、サムスン・インベストメントと韓国文化芸術振興院が、半ば「国策」として15億円の巨費を投じて制作した長編SFアニメである。

その内容というのは、近未来世界における地球が舞台であり、環境破壊で青空がなくなり、ただれた暗雲ばかりが立ち込める人工巨大都市を舞台に、都市を支配する権力機構に主人公の少年らがバイクを駆使して立ち向かう、というもの。

察しの良い読者ならすでに感付かれたと思うが、この『ワンダフルデイズ』という作品は、明らかに1989年に劇場公開された安彦良和監督の『ヴィナス戦記』へのオマージュである。『ヴィナス戦記』は、氷惑星の衝突によって人間が居住可能になった金星を舞台にした、近未来SFアクション大作であり、知る人ぞ知るSF傑作だ。

あるいは、1988年の大友克洋監督の『AKIRA』、1995年の押井守監督の『攻殻機動隊』にも、多分に影響を受けた側面が色濃い。

残念ながら『ワンダフルデイズ』は背景作画はともかく、人物作画は低レベルであり、話の内容も既にあげた日本の往年のSF巨編アニメ（ジャパニメーション＝大友克洋、押井守、今敏、庵野秀明、宮﨑駿など）への「オマージュ（やや手厳しく言えばパクリ）」に過ぎない内容であったから、韓国国内での興行収入はもとより、海外に出品された映画祭での評価でも全く反応がなく、鳴かず飛ばずの「失敗」に終わった作品である。『ワンダフルデイズ』の失敗に懲りたのか、韓国では同様の規模のSF長編アニメ映画は同作以後作られていない。

ともあれ、こうした韓国SFアニメのお粗末さを依頼通り滔々と書いたあるムックが発売になった。そのムックの煽り文句というのは「世界から笑われる韓国」とか、そういったニュアンスのものだった。私がそのことをSNSで宣伝すると、「狭義のネット右翼」に分類されるであろう、ある40代後半くらいの男性が、私の宣伝の内容を熱心に何度もリツイートしてきた。

その男性とは、それから半年ぐらいたってひょんな理由で偶然会うことになった。私が「その節は、私の記事の宣伝をしてくれてありがとうございます」と定型的な謝辞を述べると、男性は「礼には及ばない」というふうな態度であった。

ここまでなら特段何の問題もないが、話を進めると、彼が私の記事を熱心にリツイートし、宣伝してくれたその理由とは、「性根の腐ったチョン（朝鮮人）が日本の文化をパクっていることを多くの人に知らしめたいからだ」、という。

雲行きが怪しくなってきたが、更にとりとめもなく会話をしていると、どうやら男性は自らが進んで宣伝しておきながら私の記事が掲載されているムックを一切買わず、あまつさえ立ち読みすらすることもなく、偶然ツイッターで観た「世界から笑われる韓国」という刺激的なタイトルを一瞥して、自らの差別的な感性に基づいて引用していただけらしいことが判明した。

その証拠にその男性は、**安彦良和も大友克洋も押井守も、いずれの監督の作品も視聴したことはないらしかった**。そもそも、アニメとか漫画とか、そういったカルチャー自体に興味がないようだった。もちろん、私が題材にした韓国アニメ『ワンダフルデイズ』などは、あれだけ記事の中で取り上げているにもかかわらず、当然のことその記事自体を読んでいないので、存在すら知らないのだ。安彦、大友、押井などといえば、日本のみならず世界にその名が轟くアニメ作家であり漫画家である。

私の原稿は、そういった日本が誇る文化的遺産を安易な精神でオマージュする韓国アニメ界のクオリティの低さを、日本アニメを愛する日本のアニメオタクが憂慮する、といった内容であったにもかかわらず、男性はその本文も読まず、ただ「朝鮮人憎し」の差別的言説のために、私の原稿（とそれが掲載されたムック）のヘッドラインと目次にのみ寄生していた事実が、私にとって何より幻滅する事態であり屈辱だった。

正しく「保守」の言説に、その内容すら読むことなく、ヘッドラインと目次のみを一瞥してそこに寄生する「ヘッドライン寄生」を目の当たりにした瞬間であった。

## アニメ・漫画に何の興味もなく

あるいはこういうこともあった。

あるCS放送局の公開収録に参加した時のことであった。その時に、「韓国における日本大衆文化の剽窃」といったニュアンスの話題になった。私は「これは出番」とばかりに、韓国アニメ界の成立過程を簡潔に説明した。

韓国アニメ界の発展は、日本の東映動画（現・東映アニメーション）の技術者の指導のもと、日韓国交回復が成った1965年以降に、韓国に渡った日本人アニメーターの貢献によるところが多い。

この薫陶を受けたアニメーター達が、後に『テコンV』に代表される韓国産ロボットアニメのプロトタイプを形成した、そういった話を滔々と述べた。

収録が終わるや否や、会場を去ろうとする私のもとに60代後半位の白髪を蓄えた高齢者の男性が訪れ、いやー面白かったです、などと褒めるのであった。

ここまでなら特段何の問題もないが、その初老の男性はツイッターアドレスが印刷された家庭用のプリンターで刷ったような手製の名刺を渡し、「朝鮮人はやっぱり、日本から追い出さないとなりませんなあ」などという根拠不明な言説を延々と演説のように私に語りかけてくるのだった。

話を聞いているうちに、この男性はどうも私の話した韓国アニメ業界の成り立ちといった内容を全く理解していないことがわかった。そもそも、先に例示した男性と全く同じように、アニメとか漫画とかいったカルチャーに対して何の興味もないようであった。

そもそも、私は既に述べたように、「韓国アニメ業界の変遷」を語ったのに過ぎないのであって、「朝鮮人を排斥しろ」などとはただのひとことも言っていない。にもかかわらず、私の語った「韓国アニメ業界は、日本のアニメを剽窃していると感じることがある」という部分を手前勝手に歪曲し、「朝鮮人は恩知らずのパクリ民族だから排斥しなければならない」という差別的言説に引用しているのがわかってまたも幻滅した。

多分、アニメにも漫画にも全く興味のないこの男性の中で、唯一琴線に触れたのが「剽窃」という言葉のニュアンスだったのだろうが、繰り返す通り私は「だから朝鮮人はけしからん」などという話は一切していない。全てこの男性が、私の発言の一部分のヘッドラインを抜き出して、そこに寄生して勝手に差別的言説の傍証としているだけの話である。

まったくいい迷惑であり、そしてこの眼の前に居るしょぼくれた初老の男性は、2時間とか3時間もある公開収録の中の、一体何を聞いていたのだろうかと疑問に思った。

まるで聞き取れないネイティブの英語話者の早口の中に、一言二言、聞き取ることができ、意味のわかる和製英語みたいな単語のみをピックアップして、その部分のみに大喜びしているヒヤリング素人に似ているな、と思った。

## トンデモ言説を補強する材料に

このような類似の事例は枚挙にいとまがないが、最後にもう一つ例をあげることにしよう。

あるとき、「自虐史観から日本人を覚醒させる目的」とかで、ある任意団体を設立した（か、これからする）んです、と息巻く50歳前後くらいの中年女性から連絡が入った。

その女性からの連絡というのは、かいつまんで言うと「朝鮮人に支配されている戦後の日本人の洗脳を解かなければならない。ひいては、日本再生のために若い人の意見を聞きたいので古谷さんにお会いしたい」というものであった。私はその時点でもうきな臭い匂いをプンプンと感じ取っていたが、何度もその女性から執拗に電話やメールがある（どうも過去の一時期に名刺交換をしていたようである）のでついに観念して、話のタネの一つにでもなればと割りきって女性の指定した東京都内のある場所に赴いた。

話に熱中すると何もない中空の一点を凝視しだすという異様な癖があるその女性は、都下にあって自分で会社を経営する小富裕の女性起業家であった。身なりやアクセサリーにも品を感じた。それだけに、彼女が熱心に弁説する「朝鮮人が日本を支配しているのだ」という言説には強烈な違和感があった。

さすがに「チョンが……」という蔑称を使うことはしなかったが、余りにも「朝鮮人の支配と陰謀」を喧伝するので、たまりかねた私は「その、貴方の言っている朝鮮人の支配というのは、どの本に書いてあるのですか。いえ、貴方の話を疑っているのではなく、私も勉強をしたいので、その本の名前を是非教えてほしいのです」と訊いた。

すると、その女性から発せられた「根拠」とは、具体的な書籍の名前ではなく、「保守派の論客の○○先生が、○○というネット動画でしゃべっていること」などという曖昧なものであった。しかし私が知る限り、その○○という保守派の論客の人物は、ネット動画においては

「朝鮮人の支配と陰謀」などというトンデモ説を口にはしていない。

せいぜいその論客は、歴史的な観点から「朝鮮統治時代には日本（総督府）は良いことをした」とか、その程度のことを言っているに過ぎない。この女性は、保守派の論客の本や記事を読むことすら一切せず、その論客の刊行している書籍のネット上でのタイトルや目次、あるいはネット動画でチラとみた、よくある「日本統治善玉論」を「朝鮮人の支配と陰謀」という異様な主張に援用して、補強していたのである。**ここまでくると、もはやこれは「ヘッドライン寄生」ですらない。この場合、「ヘッドライン」にすら、そんなことは謳われていないからだ。**

にもかかわらず、「現在韓国が言っている歴史観はオカシイ」という程度のニュアンスを強引に自分の考えるトンデモ言説を補強する材料にしているのである。無論、私はその女性からの連絡に二度と応じることはなかった（その後、しつこく勧誘みたいなものがあった）が、このことをもってしても、「保守派」の言説がその下流域に存在する「ネット右翼」に一切到達することなく、「ネット右翼」がその言説の「ヘッドライン」に寄生し、時としてそれすら超越した「トンデモ」の域に到達していることが分かろうというものである。

## 「新しい重要な顧客」とは誰か？

だから「保守派」が往々にして「ネット右翼」を「新しい重要な顧客」と見做して配慮す

るのは、全くのミステイクであると言わなければならない。「ヘッドライン寄生」を行うにすぎない「ネット右翼」は、「保守派」にとっての「新しい重要な顧客」では全くないのである。彼らは「保守派」が刊行する書籍や雑誌の記事を全く購読していない。

事実、2014年11月に、保守系論壇誌「WiLL」に所謂「狭義のネット右翼」を批判する論考を私が寄稿した処、「狭義のネット右翼」の最右翼に位置する「行動する保守」の頭目と自他ともに看做されている在特会会長（当時）の桜井誠氏は、

「月刊WiLLというのは一応保守雑誌として認知されているのですが、（中略）職業保守の書きなぐり場であるWiLLなど読む価値はないと思います（実際桜井は一度も同誌を購読したことはありません）」（＊桜井誠氏のツイート　2014年12月10日）

と形容している。

保守系論壇誌「WiLL」は保守系論壇誌の中では「正論」を抑えて最大の発行部数を誇るとされるが、当然その中には「狭義のネット右翼」が好むような差別的・民族呪詛の物言い（朝鮮人排斥、在日コリアンらの国外送還など）は含まれていない。如何に「狭義のネット右翼」に対し、「保守」の声が届いていないかを証明する重要なサンプルであろう。

93頁で示した、「ネット右翼と保守の構造図」を今一度思い起こされたい。「嫌韓・嫌中本」

購読層は、「保守」の理論的影響を色濃く受けた「広義のネット右翼」であって、「行動する保守」とその支持者たちを包摂する「狭義のネット右翼」とは全く重なっていない。「狭義のネット右翼」が依拠しているのは、「保守派」のヘッドラインであり、そして殆どの場合「動画」である。決して紙の雑誌や書籍ではない。

「狭義のネット右翼」は「保守派」の知的体系の「ヘッドライン」にのみ寄生した存在であって、それをネット上で拡散させることにより完全に「ネット空間」だけに自閉した存在である。「保守派」が発する体系から全く外れた、その熱を全く受けることがない**「異形の存在」こそが、「狭義のネット右翼」の正体**である。

彼らを「新しい重要な顧客」とみなして、彼らの劣性に批判の手を加えることを躊躇する「保守」こそ、最も大きな事実誤認と間違いを犯していると断罪するよりほかない。真に「保守」の体系に影響された「広義のネット右翼」は、もはや差別的な言説をネットで垂れ流すことはしないし、「狭義のネット右翼」の最右翼である「行動する保守」に対しては総じて冷淡である。

「保守」が相手にするべき「新しい重要な顧客」は「狭義のネット右翼」ではなく、声なき良質の「広義のネット右翼」である。ここまでくると、**「広義のネット右翼」は「保守」の良き理解者であると考えられる**から「右翼」と呼ぶ必要もなく、単に「保守」でいいような気もする。

## それを「保守王権」と呼ぶ

「伝統的な自民党・清和会の支持基盤」と相互関係にある「保守」を、私はある種の「王権」と呼ぶことにしている。それはこれまで述べてきたとおり、「保守」が大資本の庇護のもとにあり、競争の原理によってその存続が左右されない強固な地盤を有していることが理由であるし、高齢化が進むその内部は、ある種特異な閉鎖性を有し（プロローグ参照）、またそのような特性上、きわめて強い権威主義的な性質を有するからでもある。

これまで「ヘッドライン寄生」の事例を詳細に点検してきたが、さしずめ「狭義のネット右翼」は「保守王権」に寄生する「荘園領主」、といったところであろうか。

日本古代の律令国家にあっては、律令国家の権勢に寄生し、私有地の支配権を認められた「荘園」が次第に跋扈してきた。

律令国家は建前上、すべての土地が国家の所有地（公地＝国衙《こくが》）とされたが、実際には王権に承認される形で、その国衙の中に「荘園」という私有地が侵食していった。正しく、私人（開発領主）による私有地は、律令国家の王権に「寄生」することによって承認され、増殖していったのである。

中世日本にあっては、このように中央の貴族や朝廷に荘園の支配権を認めてもらう見返りとして、荘園領主などが税の一部を差し出していた。

これを「保守王権」と「狭義のネット右翼」の関係に置き換えるのであれば、この場合、「支配権」とは保守系言論人たちが流す理論知識であり、「見返り」とはそれに対する好意的なネット上での反応の数々、といったところになるだろう。まさに律令国家の「王権」に寄生する荘園領主の存在は、現在の「保守」と「ネット右翼」の関係性に瓜二つだ。

■ホッブス『リヴァイアサン』の挿絵を保守王権に例えると…
右手に剣＝世俗的権力（狭義のネット右翼からの寄生による名声）、左手には杖＝宗教的権力（保守派の理論体系）を持つ王権は、「右派」「保守」と称する様々な人々が集合して形成された人工物である。

自分たち（保守）の言説がネット番組や動画によって下流の「ネット右翼」に対し広がっていく。「保守」に寄生する「ネット右翼」は「権威ある体系」（と映る）「保守」の論調や言説を喜んで拡散させていく。

当然、王権側の「保守」はそのことが嬉しい。自分たちの言説のネット上での普及や拡散は、「ネット空間に存在する若者（実際は幻想）」によって自らの言説が支持されるバロメーターであると同時に、自らの言説の正当性、中立性までもが担保されていると感じられるからである。

例えば、保守派と目される集会やデモ隊の行進では、必ず極少数の若者の参加を引き合いに出し、「今日のデモには、若者からの支持がありました！」と熱狂的に締めくくる姿が散見される。「若者からの支持」「若者の参加」を何か重大な「戦果」のように吹聴し、それをアクセサリーのように吹聴する傾向が強い。

**それは、若者をイノセントな存在であると定義し、そこからの支持は自らの言説の正当性を証明するものと思っているので、とりわけ「若者からの支持」に拘るからである。**

つまり若者は無知であり、無垢の存在である。その「白紙状態」の若者から信任を受けるということが、自らの言説が「若者」という客観的存在から見て正当であることのリトマス試験紙になっている、と感じているからである。若者から支持を受ければ受けるほど「自分たちは色眼鏡によらない〝若者〟から信任を受けている正統な存在」という自己評価が存在しているのだ。「保守」がとりわけインターネットに拘り、なおかつそのネット空間が若者によって占められている、という「錯覚」を殊更重要視するのは、このように「若者」こそが自らの正当性を担保する存在でもあるからである。

**王権である「保守」は、「ネット右翼」の支持を逆輸入して、自らの「王権の地位」の補強に転用している、**とみなすこともできる。

だからこそ「保守」は「狭義のネット右翼」に対して概して好意的であり、また「狭義のネット右翼」の中でも最も過激な「行動する保守」に対しても、微温的な態度に終始し、彼らを黙認する姿勢を崩さない。

## 寄生を黙認する保守王権

**例えば「行動する保守」の筆頭と目される「在特会」について、一様に「保守」はだんまりを決め込んでいる。**大抵の場合、彼らは「在特会のことはよく知りませんので……」などとお茶を濁し、無知と称してコメントすることから逃げている。

現在、「行動する保守」を真っ向から批判し、排除する姿勢を見せている「保守」論客は少数派だ。

「在特会のことはよく知りません」などというのは、嘘である。2007年以降、チャンネル桜が動画を通じて「ネット右翼」と「保守」を邂逅させたのは述べてきたとおりである。

それまで、「ネット右翼」どころか「ネット」そのものと対極にあった保守は、これ以降、堰を切ったように「ネットへの進出」をはじめる。

まず保守系言論人によるブログの立ち上げ、ツイッター、フェイスブックへの参入。最近では保守系言論人自らが「○○チャンネル」などと称して、独自のネット動画配信番組などを立ち上げる例までも続出している。

ネット活用に後進的だった「保守」は、いまや当初の遅れを取り戻すように、「ネット」を縦横無尽に使いこなしている。「保守」とツールとしての「ネット」は、もはや彼らの商売上の普及に際して、切っても切れない関係となった。

その「保守」が、同じネットで発生し、ネットで広報活動を展開してネットユーザーに強力に働きかけてきた「在特会」の存在やその活動内容を「よく知りません」などとはあまりにも白々しいのではないか。

土台、本音を言えば、よく知っているが、彼らを敵に回し、結果彼らから批判コメントを浴びせられることで、「新しい重要な顧客」を失うと思っているがゆえの、その逃げ口上の一つなのである。

当然、「狭義のネット右翼」に色濃い「嫌韓」「アンチメディア」の性質は「保守」も有している。つまり既に述べたとおり、**「アンチメディア」は、保守（論壇）が戦後寡占的であったリベラルメディアに抑圧されてきたという自意識である。**

**「嫌韓」は、かつての「反共保守」が持っていた韓国への融和感が、冷戦後に韓国が「反共」の旗印を捨てたために、それに対する反動として、「裏切られた」感からくる嫌悪である。いずれも「狭義のネット右翼」が発する「嫌韓」「アンチメディア」とは出発点は全く違うものの、結果としては同じ方向を向いているのである。**

よって韓国や在日コリアンへの差別的言説を過激に繰り広げている「在特会」を批判すれば、自分たちの「嫌韓的傾向を持つタイトル」の本や雑誌が売れなくなると恐れて、一様に口をつぐんでいるのである。

つまるところ、彼ら「保守王権」に寄生する「狭義のネット右翼」の存在を野放しにし、微温的に承認しているのが「保守」の現在の態度なのである。「特に論評しない」ことは「王権」が寄生を黙認していることとイコールだし、またそれによって「王権」は、**たとえヘッドラインにせよ自らの著作タイトルや動画がどのような形であれ拡散されるという利益を得ているのだから、同罪といえば同罪**である。

彼らは、「保守王権」の維持のためには、劣悪であるにせよ数が揃えば利用できそうなユーザー、即ち「狭義のネット右翼」の存在が不可欠だとでも思っているのだろうか。つまりこれは「保守王権」の維持のためには奴隷が必要であると言っているに等しい。

しかし彼らの「狭義のネット右翼」に対する評価自体が、既に間違っているという点は繰り返し指摘してきたとおりだ。

保守王権はみずからのつましい権力維持のために「狭義のネット右翼」を黙認するのではなく、自ら積極的に彼らに痛打を与えるべく努力しなければならない。仮に「保守王権」が「狭義のネット右翼」を攻撃したとしても、実際の王権への損害は軽微である。繰り返し言っているように、この事実は「ヘッドライン寄生」という概念で説明してきたとおりだ。

一時の批判や「炎上」を恐れて、そのような行動を取らず、彼らの王権への寄生行為をただ漫然と見逃しているのは、「保守王権」として上に立つもののノブリス・オブリージュを全うしていない、王権保持者としてあるまじき行為である。

このような王権保持者は、その王権を返上して「保守王権」の内部から自発的にいなくなるのが望ましいのではないか、という提言は、いささか辛辣に過ぎようか。

あるは「よく分かりません」と逃げの一手に終始するよりも「在特会は正しい、これを支持する」と言い放つほうが、まだしも潔いと思うのである。

しかしそれをすると、自らが「過激な」人間であると看做されるのを嫌ってか、この手の開き直りの言説もあまり聞こえてこない。つまり彼らにとって「保守王権」というブランドを維持するのに最も好都合なのは、「論評せず」の沈黙であって、つまりダンマリなのである。このような保身に終始した態度は、卑怯に過ぎるだろう。

第4章

# 「狭義のネット右翼」の実相

## その人口推定

さて、ヘイトスピーチに代表される社会問題としての「狭義のネット右翼」に、第一義的に多くの問題があることはお分かりいただけたであろうが、今度は彼らの趨勢、つまり「狭義のネット右翼」とは社会的にはどのような特性があるのか、ということをここで少し分析していきたい。

これまで「保守」と更にこれに影響を受けた「広義のネット右翼」と、真に問題にすべき「狭義のネット右翼」という3種類のクラスタを述べた。

2007年以前に「前期ネット右翼」だった一部が、進化する格好となったのが「広義のネット右翼」であり、「保守」の体系を読書などで受容する良質なクラスタである。よってこの場合、両者に殆ど差はないので、「保守」と「広義のネット右翼」は、出自は違うが一つにまとめても差し支えはなかろう。

これらの人々の全国的人口、というのを推し量ろうとする試みは誠に難しいが、やはり基準とするべきなのは「保守」の理論的支柱である「産経・正論路線」の発行部数をそれとするのが手っ取り早い。

これを考えた時、産経の公称発行部数は約150万部程度、所謂「押し紙（新聞社が販売店にノルマとして押し付けている購読紙であり、実際には読者に届いていない。ただし公式に新聞社はこの存在を認めていない）」を考慮し、その割合を他紙と同等とされる3割と考えれば、その実購読者数は公称からざっくりと30％減の約100万人である。

これに「広義のネット右翼」を加味しても、おおよそこの約100万人という数字は変わらない、というのが雑駁な人口予想である。この計算では「広義のネット右翼」をほとんど誤差程度と見積もっていることになるが、その根拠というのは、産経新聞の部数がこの数年間、総じて横ばいから微減で推移していることである。

もし、「保守」の体系の照射を受けて近代化した「広義のネット右翼」の数が膨大であれば、その「保守」の伝統的牙城たる産経新聞の発行部数が顕著に増大してもよいはずだが、ABC（日本新聞協会）の統計によるとそのような傾向は窺えない。また月刊誌「正論」の発行部数が劇的に伸びた、という話も聞かない。

しかし、現在、特に若年層は新聞購読習慣が減少し、ウェブ版が主流となりつつあること。

また「正論」とは別に株式会社ワックが発行する保守系論壇誌「Ｗ・ｉＬＬ」（前出）の発行部数はここ数年でかなりの数、増大していることなどを加味すると、このような保守的価値観に賛同する非産経購読層は、一定の数を持っていると考えることも出来るが、やはり極端に大きな数字ではないだろう。「保守」の体系照射を受けて保守的な傾向を持つ潜在的な読書層全体は、最大でやはり１００万人強程度と見積もった。

## 狭義のネット右翼の実勢数１５０万人

では問題の「狭義のネット右翼」というのはどの程度の人口規模かといえば、まず２０１４年２月の都知事選挙と、２０１４年12月の衆院議員総選挙にその基準が求められよう。いわずもがな、２０１３年の東京都知事選挙における田母神俊雄氏に集まった票数は、非自民候補を「ネット右翼」が支持し、可視化した事例として述べてきた。

田母神俊雄候補の主張は、明らかに「狭義のネット右翼」が好む「ネット右翼の三必須、七原則」に重複している。特に、「狭義のネット右翼」が古典的に主張する「嫌韓・嫌中」「反既成の大手マスメディア」の情念が強いのは、氏の著書や各種番組での発言、ツイッターでのつぶやき等でも一目瞭然である。

この時の同氏の獲得票数が約60万票であった。東京都の人口は約１３００万人、日本全人口の約10分の1の縮尺なので、これを日本全土に当てはめるならば60万×10＝600万票、つまり600万人ということになるが、ことはそんなに単純ではない。

2013年上梓の拙著『ネット右翼の逆襲』に詳述したとおり、「ネット右翼」の分布は首都圏に大きく偏っている（約27％、154頁の表参照）。この時の「ネット右翼」は「狭義のネット右翼」だけなのか、あるいは「広義のネット右翼」までをも含むのか、という手前味噌ながら複雑な要素をはらんでいるが、体感や取材と照らし合わせれば、後者が相当優勢のように思え、私はこの時期、所謂「狭義のネット右翼」の人口を、東京都の得票に全国の縮尺である3・7を掛けた数字、すなわち60×3・7＝222で、おおよそ200万人前後程度、と見積もった（つまり、狭義のネット右翼のうち、東京都在住者の割合は約27％であった。この東京偏重率を全国に援用したばあい、100÷27＝3・7となり、東京都の得票の約3・7倍が全国の狭義のネット右翼の人口であると導く式を立てることが出来る）。

この予測は、はからずも電撃的に解散が実施された2014年の衆院選挙で、くだんの田母神氏が「次世代の党」から立候補したことにより、実証されることとなった。

「次世代の党」は全体として、田母神氏と同様、「狭義のネット右翼」が好む主張を前面にだして選挙戦を戦った。

特徴的だったのは、同党が選挙期間中に制作したWEB広告ビデオ「タブーブタのうた」である。これは、「嫌韓」「アンチ既成のマスメディア」の観念が強い「狭義のネット右翼」の世界観を忠実にトレースするものだった。

1. タブーを斬る！篇
なぜだブー！なぜタブー？
ホントのことでも言わない
なぜかみんな知らぬふり
クサイものにはフタをして
都合わるいと見ないふり
なぜだブー！なぜタブー？
なぜだブー！なぜタブー？

2. 生活保護タブーを斬る！篇
なぜだブー！なぜタブー？
日本の生活保護なのに
日本国民なぜ少ない
僕らの税金つかうのに
外国人なぜ8倍

なぜだブー！なぜタブー？
なぜだブー！なぜタブー？

これは「タブーブタのうた」の第一番と第二番の歌詞を引用したものである。

第一番の歌詞は、既成の大手マスメディアへの痛烈な批判である。これは明らかに「真実がタブーとなって、大きな存在から遮蔽されている」という世界観を背景にしたものであり、2002年にW杯日韓大会を機に登場した「前期ネット右翼」が、韓国のラフプレーへの疑問を報道せず、躁的なノリに終始し、「既成の大手マスメディアが重要な真実を遮蔽している」という世界観が、この歌詞の中に見事なほどトレースされていると解釈することができよう。彼ら「前期ネット右翼」が当時好んで用いた表現が、「テレビが伝えない韓国のタブー」とか「大手マスメディアが黙殺する在日朝鮮人のタブー」などという表現であった。タブーという表現は、まさに「前期ネット右翼」の時代から伝統的に「ネット右翼」が好んで使うフレーズである。

第二番の歌詞は、一見外国人批判のように見えるが、実際には「外国人なぜ8倍」の部分は、国会の質疑応答の場で次世代の党の議員が「在日コリアンの生活保護受給率が、日本人世帯と比べて8倍である（実際には4・7倍であった）」という出所不明の発言を根拠としたもので、在日コリアンに向けられた呪詛や違和感をトレースしている。

これも「嫌韓＝在日コリアンへの憎悪」を鮮明にする「狭義のネット右翼」と全く同じ世界観を共有するもので、いかに「次世代の党」が「狭義のネット右翼」とその思想信条が重複するかを顕著に物語るものといえよう。

よって次世代の党の、少なくとも全国の比例代表での得票数の合計が、「狭義のネット右翼」の趨勢とほぼ同様であるとみなすのは妥当なところである（勿論、狭義のネット右翼、その全てが同党に投票したわけではないだろうが）。同党はこの衆院選挙で改選前の19議席が2議席に激減（小選挙区2、比例0）と壊滅状態に陥ったが、さて比例代表の全国得票合計は約141万5000票となり、私が2014年2月の東京都知事選挙を元に推計した約200万人、という数字と近似している。

予想よりもやや少ないのは、「ネット右翼」の「伝統的」支持政党である自民党へ若干の票が流れた、或いは低投票率であった（戦後最低の約44％）であることが影響していよう。ともあれ、これを以って「狭義のネット右翼」は全国に約150万人弱程度、という推計が成り立つのである。

彼らのこの勢力は「一顧だにする必要のない少数派」という規模でもない。衆議院で2議席という勢力は、かつて自民党と連立を組んだ保守新党（扇千景党首）や国民新党（亀井静香党首）に匹敵する。なによりも2014年の選挙では社民党と同数（2議席）となった。適切な評価を以て、彼らの趨勢を測るべきだろう。

## その年齢と男女比率、その職業

「狭義のネット右翼」の年齢帯は、同じく私が２０１３年に上梓した『ネット右翼の逆襲』で述べたように、40前後をボリュームゾーン（２０１３年調査では、38・15歳）とする中年層が顕著であり、場合によってはそれ以上である。

「狭義のネット右翼」の中でも最右翼にあたる「在特会」の元会長桜井誠氏が43歳（２０１５年４月末現在）、桜井の後を継いで二代目会長となった八木康洋氏が41歳、であることを考えても、彼らの年齢が「狭義のネット右翼」の平均的な年齢層をトレースしたものであることは疑いようもない。

東京・新大久保や大阪鶴橋などの所謂「コリアンタウン」で街頭演説やデモ活動を行う複数の集会やデモ行進の様子を見ても、概ね彼らの年齢層は30代～50代の中年層であることは間違いない。逆に、20代以下やティーンはおどろくほど少ないのが実際だ。また、彼らの潜在的支持層も、これらデモ参加者と概ね大差ない。

２０１３年の当方の調査で、「狭義のネット右翼」の男女比率は約75：25とでた。つまり３対１で男性偏重であるが、これも私の経験や取材上、まず間違いのない性比率である。「狭義のネット右翼」はアラフォーやそれ以上の中年の、とりわけ男性に支持される傾向を持ったクラスタである。

またこういった層の人々の職種は、当然様々だが、その居住地が首都圏に偏重していることを鑑みても、2013年の私の調査ではとりわけ自営業者やIT関係の会社員、またその他の業種の会社員でも他の労働者と比して主導的立場についているものが比較的多い、という傾向が出た。会社規模でもインフラ系企業や上場企業など、相対的に大企業やその系列会社に勤務する会社員が多い、という強い印象がある。

所謂「ブラック企業」の社員や「フリーター」などの非正規雇用では、当然、「狭義のネット右翼」が好む動画やブログを集中して楽しむ余裕など無いであろう。「狭義のネット右翼」がまるで娯楽のようにネット上の情報を受容し、それを享受しているのは、時間的余裕や経済的余裕が前提的に存在していることを考えなければならない。

当然このような理由から、肉体労働や単純労働、或いは季節労働などの、所謂「ブルーカラー」の人々や失業者、無職者は、ゼロではないものの、きわめて少ない。よって必然、彼らの中には大卒者が多く、2013年の調査では6割近くが四大卒か中退以上の学歴を有していることがわかった。これも「狭義のネット右翼」の特徴的な性質と言える。

「狭義のネット右翼」に特徴的な社会的特性は、「大都市部に住む中年世代の中産階級」である。これを換言すれば「普通の人々」というふうにも言うことができる。まず比較的安定的な勤務体系が生み出す時間的ゆとりと、経済的余裕。この二つがあればこそ「狭義のネット右

| 都道府県名 | 人数 | % | 都道府県名 | 人数 | % | 都道府県名 | 人数 | % |
|---|---|---|---|---|---|---|---|---|
| 北海道 | 51 | 5.05 | 青森 | 9 | 0.9 | 岩手 | 3 | 0.3 |
| 宮城 | 6 | 0.6 | 秋田 | 3 | 0.3 | 山形 | 3 | 0.3 |
| 福島 | 11 | 1.09 | 東京 | 272 | 26.94 | 神奈川 | 92 | 9.11 |
| 埼玉 | 57 | 5.65 | 千葉 | 41 | 4.06 | 茨城 | 13 | 1.29 |
| 栃木 | 11 | 1.09 | 群馬 | 13 | 1.29 | 山梨 | 11 | 1.09 |
| 新潟 | 8 | 0.8 | 長野 | 16 | 1.59 | 富山 | 11 | 1.09 |
| 石川 | 2 | 0.2 | 福井 | 6 | 0.6 | 愛知 | 41 | 4.06 |
| 岐阜 | 3 | 0.3 | 静岡 | 16 | 1.59 | 三重 | 2 | 0.2 |
| 大阪 | 70 | 6.94 | 兵庫 | 33 | 3.27 | 京都 | 17 | 1.69 |
| 滋賀 | 6 | 0.6 | 奈良 | 14 | 1.39 | 和歌山 | 8 | 0.8 |
| 鳥取 | 2 | 0.2 | 島根 | 2 | 0.2 | 岡山 | 16 | 1.59 |
| 広島 | 21 | 2.08 | 山口 | 6 | 0.6 | 徳島 | 5 | 0.5 |
| 香川 | 2 | 0.2 | 愛媛 | 13 | 1.29 | 高知 | 5 | 0.5 |
| 福岡 | 49 | 4.86 | 佐賀 | 2 | 0.2 | 長崎 | 5 | 0.5 |
| 熊本 | 8 | 0.8 | 大分 | 3 | 0.3 | 宮崎 | 3 | 0.3 |
| 鹿児島 | 3 | 0.3 | 沖縄 | 16 | 1.59 | | | |

■ネット右翼の居住地域別人数

| 回答者の年齢 | 回答数 | 割合 |
|---|---|---|
| 10～19歳 | 26 | 2.87% |
| 20～29歳 | 179 | 20.29% |
| 30～39歳 | 275 | 32.07% |
| 40～49歳 | 247 | 28.71% |
| 50～59歳 | 103 | 12.47% |
| 60～69歳 | 26 | 3.06% |
| 平均年齢 | 38.15歳 | |

■ネット右翼の年齢構成

| 性別 | 割合 |
|---|---|
| 男 | 75.80 % |
| 女 | 24.20 % |

■ネット右翼の男女比

| 仕事名 | 人数 | 割合（%） |
| --- | --- | --- |
| 事務系会社員 | 76 | 7.6 |
| 企画・調査系会社員 | 16 | 1.6 |
| 経営・管理職 | 107 | 10.6 |
| 営業・販売系会社員 | 64 | 6.4 |
| 技術系（ソフトウェア、ネットワーク）会社員 | 56 | 5.6 |
| 技術系（電気、電子、機械）会社員 | 65 | 6.5 |
| 技術系（素材、食品、医療）会社員 | 26 | 2.6 |
| 技術系（建築、土木）会社員 | 35 | 3.5 |
| 公務員 | 30 | 3 |
| 医療関連職 | 50 | 5 |
| 教育関連職 | 16 | 1.6 |
| 金融関連職 | 14 | 1.4 |
| クリエイティブ系 | 53 | 5.3 |
| 自営業 | 126 | 12.5 |
| 自由業 | 28 | 2.8 |
| 学生・生徒 | 81 | 8.1 |
| パート・アルバイト | 33 | 3.3 |
| 専業主婦 | 46 | 4.6 |
| 無職 | 31 | 3.1 |
| その他 | 57 | 5.7 |

■ネット右翼の職業別分類

| 最終学歴 | 回答数 | % |
| --- | --- | --- |
| 中学校卒業 | 17 | 1.7 |
| 高等学校卒業（中退含） | 173 | 17.2 |
| 短大・高専・専門学校卒業（中退含） | 166 | 16.5 |
| 四年制大学卒業（中退含） | 543 | 53.9 |
| 大学院修士課程・博士課程修了（中退含） | 94 | 9.4 |
| 無回答 | 17 | 1.7 |

■ネット右翼の最終学歴

※いずれも2013年、1010名のネット右翼を対象とした調査より（『ネット右翼の逆襲』所収）。

翼」の活動は維持されている。

だから「狭義のネット右翼」を、例えばフランスの国民戦線と同一視する向きがあるが、それは全く誤りと言わなければならない。フランス国民戦線は、同国で増える移民の排斥などを訴える極右政党であるが、彼らの支持層は中産階級の他に、大都市部で失業した労働者や、深刻な失業に直面している青年層などが多い。

このフランス国民戦線と日本の「狭義のネット右翼（例えば在特会）」を同一視する向きがあるが、それは前述のとおり誤りである。「狭義のネット右翼」は貧困や失業から誕生したのではなく、アンチ既存の大メディア、という反テレビ・反大新聞の感情から湧き出た日本特有の事情が作用したクラスタであり、よって貧困性とは無縁なのである。

## 中年童貞は多いか？

2014年に、「ネット右翼は中年童貞が多い」という記事が話題になった（この場合のネット右翼、のニュアンスは明らかに私が定義している狭義のネット右翼と同一のものだ）。この記事は、その後、一部が書籍化されているのだが、掻い摘んでいうと「狭義のネット右翼」は非モテ（異性にモテない男性の意）の童貞が寡占的である、と言っているのである。「ネット右翼」が男性偏重でその年齢が中年域である、という分析には既に述べてきたとおり私の分析と同じで全く異論はないとしても、彼らが童貞であるのか否かは、実にナイーブな問題だ。

実際に面と向かって目の前の狭義のネット右翼の諸兄に「貴方は童貞ですか?」と聴くのは、さすがに歴戦のジャーナリストといえども躊躇するだろう。なかなか数字には出しにくい問題だが、少なくとも彼ら「ネット右翼」が、既に述べたような「躁的なノリ」から最も遠い、良く言えばストイック、悪く言えば地味な存在であることは事実であると思う。

そもそも、パブリックビューイングで「ニッポン、ニッポン」と連呼し、クラブイベントで男女ではしゃいだり、道頓堀に飛び込んだりする躁的なノリの背景に、巨大な既成のマスメディアによる陰謀が渦巻いていると本気で信じて、恒常的に2ちゃんねるに向かっていた人々なのだから、「外向的」ではないことだけは確かだと思う。ただし、「外向的でないこと」と童貞は必ずしも相関するものではないから、ネット右翼には中年童貞が多いなどと断定することは避けたい。

ただ、私の感触では、異性に対してはおとなしく消極的で、免疫のない人々が多いかな、という全般的な印象はある。だから前述したとおり、「道頓堀に飛び込む」ような、やんちゃで活発な若者像（そもそも青年層は少ない）とは、前提的に全く異なる動態であり、先に上げた「クラブカルチャー」「アウトロー」「ヤンキー文化」を嫌悪する性質が強い。

2010年頃から、「狭義のネット右翼」の中で最も最右翼である「行動する保守」に対する反対の行動を街頭などで始めた「レイシストしばき隊（現在は、C.R.A.C.と改名＝代表野間易通氏）」のメンバーの中で、半身にタトゥーを入れた人物らの写真がネット上に出回った際、彼らを「反社会的勢力」と結びつけて憎悪する「狭義のネット右翼」の存在が旺盛だった。彼らは明らかに、そうしたメンバーを、「関東連合（首都圏を中心に活動した旧暴走族の一派）＝半グレ」に結びつけて嫌悪していた。

これは、自らの敵対勢力に対する反感という生理的感情の他に、その基礎にあったのは、「クラブカルチャー」「アウトロー」「ヤンキー文化」への嫌悪の感情である。「狭義のネット右翼」は、比較的おとなしい、良く言えば物静か、悪く言えば黒胆汁質《こくたんじゅうしつ》（ヒポクラテスの性格分類で、憂鬱質とも）の傾向が強いことがあげられよう（別段私はその性質を悪いと言っているわけではない）。

そしてまた、彼らは自営業や会社員（管理職）などホワイトカラーの職業として、オフィスワークが多い都合上、ＰＣ接触時間が長く、当然そこで流れるニュースや文章を読解するだけの一定の学力を有していることは間違いはない。

要するにそこには、社会や政治ニュース一般を分別する、一定のリテラシーがなければできない作業が含まれている。時事ニュースを見て、ＮＨＫや朝日新聞や産経新聞、という媒体そのものが持つ政治的意味合いや「自虐史観」「南京大虐殺」という単語そのものに全く無頓着な人間は、そもそも「狭義のネット右翼」になることはできないので、彼らは一定の学力を持ち、また往々にして四大卒者などの割合は決して低くなく、むしろ全般的には大卒者が高い傾向にある（2013年調査）。

## 「愛国心に覚醒めた」

私はこのような彼ら「狭義のネット右翼」を足掛け4年近く観察してきたと言ったが、彼らの多くには、ある共通して使用される奇妙な単語が存在することを、私はいつの頃からかはっきりと自覚するようになった。

それは自らの愛国心を高らかに表現する「愛国」とか、あるいは「左翼」に対する激しい呪詛の言葉として使う「反日」という言葉ではない。「愛国」も「反日」も、いろいろな言い回しや形容で、多くのバリエーションが有る。しかし、この言葉だけは、長らく変化しないまま「狭義のネット右翼」の人々が用いる普遍的な定型句になっているのだ。

「愛国心に覚醒《めざ》めた（目覚めた）」

この言葉を、私はこれまで何千、何万回とネット上で目にしてきた。もちろん、間違いなく「狭義のネット右翼」に当てはまるであろう人々から、実際の会話の中でも、何百回と繰り返し耳にしてきた。

私は、2010年くらいから所謂「保守業界」に出入りするようになったが、その当初からこの「愛国心に覚醒めた」というセリフを素直に聞き流すことができぬまま、現在に至っている。

「愛国心に覚醒めた」という定型句を少し丁寧に分解してみよう。

その定義するところの「愛国心」とは、「国を愛する心」「国を愛する気持ち」を意味しているものだからまあ良い。しかし後半の「覚醒めた」という部分が、喉の奥に刺さった小骨のようにずっと引っかかっている。

「覚醒めた」という表現は、「発見する」とか「知った」というニュアンスとは大きく異なっている。「愛国心を発見した」「愛国心を知った」という表現であれば、自分の中に存在していなかった「愛国心」という概念を「新規」に獲得した、というニュアンスが含まれる。

ところが「覚醒めた」という表現には、前提的に「愛国心が自分の中に存在していたが、それに今まで気がついていなかった」というニュアンスが含まれていることを私は見逃さない。

つまり「愛国心に覚醒めた」という定型句には、「そもそも自分の中に存在していた愛国心が、何らかのきっかけで呼び覚まされた」という意味があり、だからこそ「目覚める」意味である「覚醒」という単語が使われている。

「眠っていたが、起きた」つまり、この表現を使う限り、彼らの中で「愛国心」とは、先天的に自分の中に存在していたものである、と言っているように聞こえる。

しかし、私は常日頃から思うのだが、愛国心とは果たして先天的に人間に備わっているものなのだろうか。「おぎゃあ」と生まれた赤子がまずその第一声に「日本バンザイ」などと言い出したら、驚天動地の大騒ぎである。

## 愛国心は先天的なものではない

赤子の第一声は「バブバブ・ハイハイ」が関の山であり、そこから出発して父母の名前、一般名詞、周辺の環境、周辺の世界へと広がり、その構造とシステムを学んでいく。

そうして早ければ十数年たった頃くらいに、自分の生きている社会や環境は、日本という国家の中に内包されているという事実を知る。そこで初めて「国家」と対面した人間は、更に時間をかけ、仕事や教育を通じて、あるいは外から「国家」を眺めるという体験を通じて、「国家」との接点を強く意識し、その共同体としての「国家」に愛着を感じ始めるようになるのだろう。

それを形容すれば「愛国心」ということになろうが、その「愛国心」は間違っても先天的に人間の中に備わっているものではない。私は事あるごとにいつも言っているが、愛国心は「目覚める」ものではなく、「涵養」し「(適切に)育み育てるもの」である。

ところが「愛国心に覚醒めた」というセリフの中には、まるで「愛国心」が遺伝子のレベルで先天的に存在していて、自分は今までその存在に全く気が付かなかったが、後に何かのきっかけでその存在を知ったのだ、というニュアンスが含まれているように聞こえる。まるで自分の両親が本当は育ての親であって、実際には本当の産みの親が存在していたのを初めて知りました、と言っているように。

当たり前のことだが、「愛国心」は生まれつき遺伝子レベルで人間に打刻されているような感情ではない。後天的に、人工的に形成され、育まれるものである。良く言えばそれは「涵養」、悪く言えば「刷り込み」という風になるが、ともあれ**「狭義のネット右翼」の人々は、この「覚醒める」という表現を明らかに好んで使っている。**

ブログやツイッター、あるいは動画の中で、「私が愛国心に覚醒めたきっかけは〜」と始まったり、あるいはSNSの自己紹介の欄に「40を過ぎて愛国心に覚醒めたおっさんです」などと躊躇なく書かれていたり、ネットでは「覚醒めた」という言葉が、毎日のように多用されている。

## 映画『マトリックス』の世界観

この「眠っていた愛国心が、何かのきっかけで覚醒めた」というニュアンスの世界観を持つ映画を、どこかで見たことがあるな、と思ったら、それは1999年に公開され世界的に大ヒットした映画『マトリックス』（アンディ・ウォシャウスキー、ラナ・ウォシャウスキー監督）で描かれた世界観と瓜二つであることに思い至った。

『マトリックス』は、大都市の清潔なオフィス街で働く30代位のサラリーマン・ネオ（出演当時、ネオ役のキアヌ・リーブスは35歳であった）が主役であり、彼は大企業に勤務する一介の平凡なプログラマーである。

敏腕ハッカーであるネオは、会社内ではその技術を当然秘匿していて、何くわぬ顔で平凡な日常を送っているが、ある日「Neo, wake up（ネオ、起きて）」という謎のメールを受信することにより状況が一変。「トリニティ」と名乗る女性から「あなたが見ているこの世界は、すべて仮想現実である」と告げられ、先導役のモーフィアスから渡された薬剤を飲むことにより、「仮想現実の世界」から「覚醒める」ことになる。

ネオは、自分の生きていた平凡なオフィス生活が、未来世界のコンピューター生命体によって創りだされた幻であることを知る。

現実のネオは、産卵管のような場所で催眠術をかけられたまま、口から通されたチューブでコンピューターに生命エネルギーを吸われ、仮想現実の夢を見ているだけの存在であった。「真実」を知り、目覚めたネオは世界を救う救世主として、コンピューター知性体との対決に挑む——。

映画『マトリックス』の世界観は、「愛国心に覚醒めた」というセリフを多用する「ネット右翼」の世界観とあまりにも瓜二つである。

前述「ネット右翼」の誕生のきっかけになった2002年のW杯日韓共催大会を思い出されたい。

彼らは「韓国のラフプレー」や「韓国人サポーターの激しい愛国心」の模様を故意に日本のテレビ局が黙殺しているとして、その不満のはけ口をインターネットの空間に求めた。そこで彼らは「真実」を知ることになる。

韓国による竹島の不法占領（李承晩ライン）、終戦直後の動乱期における「朝鮮進駐軍による日本人への暴行」、「在日特権をふりかざし、日本社会に安穏と寄生して利益を貪っている在日朝鮮人の悪辣な所業の数々」、あるいは「在日朝鮮人による異様な犯罪率の高さ」等々の「真実」である。この「真実」を隠蔽してきた日本の既存の大手マスメディアに対し、必然彼らの呪詛の矛先が向けられたのは当然といえば当然の成り行きといえよう。

## ネット右翼特有の世界観「マトリックス史観」

ゼロ年代初頭に「ネット右翼」に大きな影響を与え、今も現存する「**国民の知らない反日の実態**」という多人数編集型の情報サイトには、この手の「韓国」と「マスコミ」に関する書き込みが山のように出てくる。「国民の知らない反日の実態」の趣旨は、「既存の大手マスメディア」が自らにとって都合の悪い情報を故意に隠し、隠蔽している、という一貫した趣旨のもとに編集されている。

「国民が知らない」というネーミングの部分に、なにか巨大な悪意や意図の存在を匂わせている。

『マトリックス』風に当てはめれば、国民に真実を隠している存在とはコンピューター知性体であり、それこそが現実世界における「既存の大手マスメディア」そのものである。そこから覚醒することによって「真実」を知り、愛国心に覚醒めていく――。

私はこのような**「ネット右翼」に特有に存在する世界観を「マトリックス史観」と名付けている。**

その世界観の構造が**「大きな悪意によって真実が遮蔽されており、その悪意の謀略から覚醒めること」に力点をおいているという点で酷似している**だけではなく、映画『マトリックス』の主人公ネオが、**30代のそこそこ一流の大企業に勤務するホワイトカラーである**、という設定も、これまでみてきた「ネット右翼」の性別、年齢、年収、社会的地位などと驚くほどそっくりであることからも、そのように命名したいのである。

しかし残念なことに、彼らがインターネットで触れた「真実」の中には、事実である部分も含まれているが、その多くは事実に基づかない出鱈目や、元情報を故意に捻じ曲げた曲解であったり、単なる粗悪な陰謀論の類に過ぎないものも多く含まれていることは事実だ。

例えば「韓国初代大統領李承晩《イスンマン》による李ラインの設定と竹島占領」は歴史の事実であるが、その一方で「朝鮮進駐軍によって終戦直後100万人の日本人が殺された」などは事実と全く違う単なる嘘である。

あるいは「朝鮮進駐軍」と名乗る一部の愚連隊と化した朝鮮人が狼藉事件を起こしたのは事実だが、「駅前の一等地が全部朝鮮人に占領された」かのような言説は事実ではなくトンデモである。

確かに地方都市の駅前に在日コリアンらの経営者が多いとされるパチンコ・スロット店が多いのは事実だが、それらのほとんどは日本人の土地所有者からの賃貸借契約に基づいたものであり、またそれらの開業・運転資金はこれまた日本の銀行が「有望なビジネス」と判断して貸し付けているのである。

そもそもパチンコ店は大正時代に始まったもので、日系経営者も多く、精密機械に至っては日本企業が生産しているから、別段在日コリアンが寡占的に支配している業界ではない。多いことは事実であるが「在日が支配している」という業態とはほど遠い。

あるいは、「在日朝鮮人が不正に生活保護を受け取っている」のは一部事実だが、「在日コリアンの全部が働かずに暮らしている」などの言説は事実とは異なっている。在日社会は帰化が進み高齢化していて、また母数も少ないのでたしかに生保受給の割合は日本人世帯よりもずいぶんと高いものになっているが、全国で260万世帯とも言われ過去最高を更新している生活保護世帯の97％は日本人を対象としたものである。

## 同和問題との混同

それ以外にも「在日は税金を免除されている」「在日は住宅費や光熱費が無料」「在日は優先的に雇用枠が与えられている」など「狭義のネット右翼」が喜んで拡散し、まるで彼らの中で常識となっているような所謂「在日特権」とされる部分については、2000年頃からにわかに問題化した所謂「同和利権」と、その事例をほとんど混同しているものが多く散見される。「税金の免除」「住宅費の補助や無料」「各種の助成金や雇用枠」は主に関西（京都、大阪、奈良、神戸）で大きな問題となり、地元のメディアや書籍（『同和利権の真相』宝島社）等でさんざん指摘された問題であったが、いつの間にかその「同和利権」とされた事象が、「在日特権」に置き換えられ、ネットで「真実」として拡散されている状況である。

ちなみに前述した「チャンネル桜」において桜井誠氏が登場した番組の中には、桜井氏が「在日特権」を訴える中で、唐突に「同和問題」に関する新書（『はじめての部落問題』角岡伸彦著、文春新書）が紹介される場面が映しだされている。ここで桜井は、「いまですね、在日朝鮮・韓国人と部落の繋がりが出来てきている……」と発言している。

在日コリアンの問題と同和問題はその歴史的背景からして全く違うものだが、桜井はこの二つを明らかに同根として扱っている。ここにも「在日」と「同和」の混同がある。自らをして「朝鮮問題の専門家」を名乗る桜井ですらこうなのだから、それ以外の「狭義のネット右翼」の認識がどの程度なのかは推して知るべしである。

これは、とりわけ東京を含む首都圏に偏重している「ネット右翼」の「東日本優勢」の居住分布が密に影響していると考えられる。

所謂「同和問題」は木曽川以東（愛知県以東）では、学校教育でも軽く触れるだけで殆ど実体験としても大きな話題にはならない。ところが関西を含め西日本では、若年層はともかく、いまだ中高年層を中心に生活に根強いタブーとして存在している場合もある。

**「狭義のネット右翼」が「比較的豊かな中産階級」であり、とりわけその中産階級を多く抱える東京圏に集中していることは必然であるが、それゆえに「同和」に対するリテラシーが薄く、ゼロ年代初頭に問題化した「同和利権」に関する情報が、ネットを使って「同和」リテラシーのないものの手によって「在日特権」に置き換えられ、拡散していったことが強く疑われる。**

もっとも、桜井の言うところも一理あるにはあり、これは主に関西圏で、アウトロー的性質を持つ「同和」と「在日コリアン」が、相互に関与して不正を行った事案が発覚した事件などを遠因とするものであり、この二者があたかも同一であるように思えるのは、確かにむべなることではある。

しかしとはいえ、「同和」と「在日」は別種の存在である。ドイツとイタリアが同じ枢軸国だったと言っても、やはりこの両者は似て非なる歴史と状況にあるのと同じだ。この二つを混同して語るのは間違っている。

このようにネットで「真実」を知るに至り、それまでの価値観や世界観が揺さぶられ、次々と「既成の大手マスメディア」の呪縛から解き放たれ「愛国心に覚醒めていく」のは良しとしても、その「真実」とやらがそもそも事実に基づかない嘘・出鱈目を多分に含んでいる以上、それは単なる「嘘情報」であって「真実」とは呼ばないし、そこへの接触は「覚醒」などという大層なものではない。

## 受験勉強とは関係のない領域の問題

しかし疑問点は、このような「マトリックス史観」に、少なくとも同世代に比較して高い教育を受けたはずの「狭義のネット右翼」が次々と陥っていくのは何故なのか、という点である。

これには二つの理由があり、ひとつはネットで流布される粗悪な「真実」に書かれている内容や、「ネット右翼三必須、七原則」に見られるようなマクロな国家観は、そもそも論として**「受験勉強とは関係のない領域である」**ということができる。

大学入試に「韓国における反日の具体例を列挙せよ」とか「朝日新聞の左傾的傾向を400

文字で書け」「日本における特別永住者についての問題にはどのようなものがあるかあげよ」などという問題は出ない。あるいはマクロ的な国家観を問うような問題（東京裁判についてや、靖国神社公式参拝について）は、イデオロギー的であるから問題化はほとんどされない。

元寇や荘園制についての知識は受験レベルで多少持ちあわせていても、**ネット空間で「真実」とされる在日コリアンやマスコミや歴史観などことさら「狭義のネット右翼」が好んで取得する事柄は、彼らがそれまで守備していた受験体系、知識体系とは全く違った領域に存在するもの**であったのだ。

日本の公教育における政治社会教育・近代史教育は実に貧弱なものだ。所謂「政治経済」の時間に教えるのは、日本国憲法前文や重要条項の丸暗記、三権分立といった国家の統治概念ばかりに偏重していて、実際の社会問題についてはなおざりである。前述したように、木曽川以東では同和問題はほとんど扱われないし、せいぜい、全国の学校で教えられる社会問題というのは、環境問題（原発を含む）、男女同権問題、労働時間問題、老人福祉や医療問題、若者の投票率問題、防災問題等々である（もちろん、これらの問題はたしかに重要である）。

が、「狭義のネット右翼」が最も焦眉の問題と考えて、なみなみならぬ関心を示す「在日コリアン」や「朝鮮総連や民団」等の問題については、一部を除き授業の中では多くを割かれる状況にない。いわずもがなこの問題はナイーブで政治的対立を含んでいるから、授業で扱うことを避けるためである。

## 公教育から抜け落ちている近現代史

歴史教育についてはどうか。明治維新、大正デモクラシー、第二次大戦くらいまではまあ頑張ることもあるが、第二次大戦の具体的な戦史についてミッドウェーもガダルカナルもインパールも教えないし、戦後にあってはせいぜい日本国憲法発布とかGHQの三大改革（農地改革、財閥解体、男女普通選挙）くらいで終わって、後は自習の時間かそのまま卒業と相成る。これらの近現代史の事象は、たとえ勉強しなくとも、大学入試センター試験や個別試験の材料として扱われることはほぼ無い。

さらに現代に近い部分、冷戦崩壊後の1990年代以降の記述となると、教科書にはほんの数行しか登場していない。マルタ会議とか、ソ連が崩壊したとか、核ミサイル軍縮が進んだとか、せいぜいその程度で、体系的な現実世界の理解を助ける基礎知識は、残念ながら現在の公教育では満足に授かることは出来ないだろう。これは、悲劇といえる。

**実は、「狭義のネット右翼」が依拠している「ネットで知った歴史の真実」「ネットで知った日本社会の真実」というものは、このように公教育の中で、特に政治経済の授業や近現代史のそれの中でなおざりにされてきた、そのニッチな間隙を突いたものがほとんどなのである。**

「在日コリアンの真実」「生活保護の真実」「朝鮮統治の真実」「大東亜戦争の真実」「朝鮮進駐軍の真実」「GHQの日本洗脳の真実」「戦後日韓関係の真実」云々――。

ネット右翼が好む「ネットで知り得た歴史や社会の真実」とは、公教育が授業時間やカリキュラムや様々な配慮の関係上、網羅しなかったニッチな、特に近現代史の間の出来事がほとんどだ。

前提的に近現代史の知識が不足している一般的な彼らの多くは（近現代史の知識がなくとも、受験の点数には大差ないため）、こういった近現代史の知識にはほとんど白紙の状態で所謂「ネットの真実」に遭遇し、まるで「生まれたてのひよこが初めて見た動く物体を親だと信じるように」、刷り込み現象にも似た「知の覚醒」に震えるのである。

それがどんなに粗悪なものであっても、体系的な近現代史の勉強や社会問題への基礎知識がない以上、最初に出会ったトンデモ・陰謀論が、「親」「正史」だと信じて疑わない――。「狭義のネット右翼」の持つ歴史観や社会観の構造的欠陥の原因とはこの辺りに存在しているのだ。

このような理由があるから、当然、そのすべての、あらゆる責任を「狭義のネット右翼」側に負わせるのは酷であると言わなければならない。近現代史やナイーブな社会問題をなおざりにしてきた公教育に大きな責任があるのは言うまでもない。

## 学校以外での知的探求を怠っていた

しかし、よくよく考えてみれば、それとて数多くの書籍として類似問題に関する事柄が山のように出版されている。

近現代史を扱った書籍は、それこそその分野の研究者が山のようにおり、また山のような数の書籍が、初学者向けのものから学術書に至るまで、硬軟取り混ぜて出版されている。ナイーブな社会問題に関する書籍も、特徴的な事件や話題が起これば、その都度書店の平積み棚を賑わせるほどの量が出るし、読みやすい新書も、ジャーナリストや作家らの手によって、選びきれないほど刊行されている。

公教育に頼らない勉強方法は、すぐ書店に足を伸ばせば数百円の値段で誰しも求めることができるのだ。無料で市民に開放されている図書館だってある。図書に頼らずとも、映画などにその端緒を見出しても良い。伊丹十三監督の『大病人』をきっかけに終末医療の本を読むことや、宮﨑駿監督の『もののけ姫』をきっかけに網野善彦氏の本を読むことは、誰にでもできるし、その機会は誰にでも平等に開放されている。

であるが以上、ネットで「真実」とやらに触れる以前に、これらの特に近現代史やナイーブな社会問題に対し全く興味・関心がなかった自らの不作為を、第一に嘆くべきだと思う。

つまりは、「狭義のネット右翼」とは、**学校教育で網羅しているのみの、乏しい知識体系の外に、突如として湧いてきた真偽不明な情報を「真実」として鵜呑みにする人々のこと**であり、そしてその原因は、学校教育の不作為である以上に、「学校以外での知的探求」を怠っていた知的怠惰の姿勢にこそ、求められると言わなければならず、この点は手厳しく糾弾しなければならない。

受験競争で平均点以上をアベレージで獲得することと、「教科書に書いていない知識領域」「学校教育では守備しない知識体系」を入門書・専門書問わず読書で、社会人になってから仕入れる作業は必ずしも比例しない。受験期までは「比較的」点数を出力した人間が、社会人になってから時事問題や教養の部分で驚くほど無知であることが判明するのは珍しい話ではない。

そして繰り返すように、その受験の中では「近現代史」「ナイーブな社会問題」に関する設問は例外を除き登場しない。よってそれらを体系的に学習しようとするインセンティブも、全く存在していないか、かなり希薄であると言わなければならない。

しかし普通、並の知的向上心があれば、社会人になってから講談社現代新書や岩波新書や新潮新書や中公新書などの扉をまず叩いて、学生時代に空白であった近現代史や社会的問題の養分を補給しようと思い立ったりするものだが、残念ながらそういった知的探求の初歩のレベルにも達しない人も大勢いる。

しかしその知的向上心と、会社の営業成績もまた、別物である。知的探究心と年収の関係もまた、別物である。文春新書や新潮新書を読んでいないことと、契約を取れるか取れないか、納期に間に合うか間に合わないか、営業ノルマを達成できるかできないかは、あまり、というか全く関係がない。

アメリカ大陸を「発見」し、原住民を虐殺して南米の富を掠奪し、莫大な富をもたらしたスペインの探検家たちが、インテリではなく野盗の一種だったのと似ている。知的向上心と社会的成功は、往々にして相関しないのである。

「狭義のネット右翼」とは、特に社会人になってから、何食わぬ顔で、そつなく自営業や企業勤務を「比較的優秀に」務めてきた「知的にはあまり熱心ではない」中産階級の人々が、ある日突然、公教育で学んだ範疇外の、特にナイーブな社会問題や近現代史分野におけるトンデモ・陰謀論に遭遇し、それをして「真実に覚醒めた」と錯覚することから発生する後天的なものであり、それが故に「それが本当に真実か否か」を検証する能力が存在していない人々のことであるといえる。

だからこそ、彼らは「保守」からの照射を受けても、ヘッドラインにのみしか寄生することができないのである。「保守」からの照射を受けようにも、その全てを吸収する基礎的な教養がほとんど存在しないからである。だからこそ、上流の「保守」の言説に寄生するしかないのだ、ということもできる。

## 目覚めの次のステップは行動

「ネット右翼三必須、七原則」で提起されるイシューのすべて、あるいはほとんどが現行の大学受験制度の「枠外」に存在する体系であり、必然この部分へのリテラシーが薄いと、例えば書類上は「高い教育」を受けた「はず」の「ネット右翼」には、その真贋を見ぬくことができず、すべて「真実」として受け止め、それが「愛国心の覚醒」などという世界観につながっていくという「マトリックス史観」を形成していることは既に述べた。

「マトリックス史観」について、今一度詳細な分析に戻ってみよう。

この史観の肝は、「覚醒」という言葉の本質である。「覚醒」「目覚め」は「涵養」と違って、一旦「目覚め」てしまったら、それ以上の展開は存在していない。映画『マトリックス』のネオがそうであったように、「目覚めてしまった」以上、あとはコンピューター知性体と戦うしか選択肢が残されていない。

要するに「これまで眠っていた愛国心が目覚めた以上は、あとは実行する（戦う）だけ」という世界観が、これまた『マトリックス』の物語と瓜二つなのである。

「涵養」とはすでに述べたように、読んで字のごとく「育み、育てること」という意味である。「愛国心」は先天的には存在していないから、後天的な努力で多くの知識や経験を積み、ベランダで花を育てるように毎日水をやったり、肥料をやったり温度を調節したりする工夫や努力や鍛錬が必要である。

ところが「目覚め」は、元来存在していた素養が復活したのであるから、それをことさら強化したり、努力したりする必要はない。「愛国心に覚醒めた」のは、通過点ではなくゴールなのである。だから「目覚めたもの」つまり、『マトリックス』風に言えば「覚醒者」がまだ目覚めていない、眠っていない者に対して、「教え、導く」義務があるという強烈な使命感に転換されるのである。

だから本来インターネット上でのみ存在し、しかもその数は、日本全国の人口に比して圧倒的に少ない150万人程度しか有していない「狭義のネット右翼」が、ネット上やあるいは様々な場面で「声が大きい」ように観測されるのは、自らが「覚醒めた」先駆者としての自覚があるがゆえに、その先は敵との戦いしかない、というマトリックスのネオの発想と全く同じ行動原理を有しているからである。

また更に、この中でも特に声の大きい「行動する保守」が、それをリアルの社会にまで「デモ」や「集会」という形で具現化して、牽引している状況である。

ネオはイカのお化けのようなコンピューター知性体と実弾で戦うが、「狭義のネット右翼」の場合の「敵」とは「既成の大手マスメディア」であり、あるいは「韓国・中国などに代表される敵性反日国家」となる。彼らの世界観の中では、「既成の大手マスメディアの内部には韓国や中国の工作員が入り込んでいる」というふうになるから、もう全くこの両者はイコールだ。「目覚めの次のステップは行動（戦い）」という、この「マトリックス史観」が構造的に持つ世界観が、彼らがその言動の根拠としているネットの「真実」を吟味せず、また自らすすんで勉強することもしないまま「目覚め」のレベルのままで永遠に停泊し、その勢いを駆って「まだ目覚めていないもの」への布教と教化に走りだす原因になっているのである。

## 「真実」の拡散を使命として

**多くの「狭義のネット右翼」はインターネット空間に散乱する「真実」を、「きっかけ」と呼称する。**「きっかけ」とは、無論「愛国心に覚醒めるきっかけ」のことであるが、この「きっかけ」が地雷原のごとく、ネット空間に多数ばら撒かれることにより、「未だ目覚めていないものたち」がこの地雷原に接触し、「眠りから覚醒する」ことを期待して、ＳＮＳやブログ、動画などで猛烈に「拡散」と称される真偽のまぜこぜになった粗悪な情報体を拡散して回っている。しかし「覚醒める」ことをゴールに設定している以上、彼らの言う「きっかけ」は「きっかけ」以上でも以下でもない。

その「きっかけ」に触れた人々はあるいは「愛国心に覚醒める」ことになっても、「覚醒」がゴールである以上は、そこからの進歩や努力は存在していない。

作家の筒井康隆氏の長編小説に、同人小説サークル内に巻き起こる愛憎劇を描いた『大いなる助走』というものがあった。

本作は、いつまでも離陸しないで、永遠に滑走をしつづけるアマチュア同人作家の悲哀と、足の引っ張り合いに終始する閉ざされた空間の中での人間の愚かさを皮肉ったものだが、「きっかけ」に終始し、それ以上なんら成長することのない「マトリックス史観」には、まさにこの「大いなる助走」という表現がしっくりくる。

彼らに特段悪意というものはない。「マトリックス史観」にもとづき、自らが「既成の大手マスメディア」という悪意ある知性体に操られていた状態から脱した以上は、この「戦い」のために、いまだ目覚めていない多くの日本人を目覚めさせる使命があると思い込んでいるだけだ。

そこには金銭欲はないばかりか、むしろ拡散に要する手間暇で当人にはマイナスのはずであるが、「覚醒者」であるネオが決してコンピューター知性体との戦いを諦めなかったように、「狭義のネット右翼」の多くは、インターネット上でのツールを使って日々、「真実」の拡散に努めることが「戦い」であると信じて疑っていない。

私は昔、「韓国の工作員にNHKが乗っ取られています」というニュアンスの手製のビラを渋谷や新宿の街頭で配る40代の「ネット右翼」の女性の活動を見学しに行ったことがあった。通行人へ必死の形相でそのビラを配る人の配布時のセリフは、「気づいてください！」というものであった。古典的な「マトリックス史観」に支配されている「狭義のネット右翼」に分類される女性だった。

「嫌韓本」や「アンチ・メディア本」が乱舞する中にあっても、「韓国の工作員にNHKが乗っ取られている」と正面から記述している「保守」の著者が書いた本というのは、極端な例を除いて存在していない。

「NHKはけしからん」「NHKは反日的放送局だ」くらいの印象的な記述は多いが、「NHKは韓国の工作員に乗っ取られている」などという断定的なウソを書けば、編集の段階でストップがかかるばかりか、もしそれを公にすれば、「言論人」などとは名乗れなくなるほどの深刻なミステイクと事実誤認となる。彼女の情報源が「書籍」あるいは「雑誌」などではなく、「ネット空間のウソ、トンデモ」にあることは、火を見るよりも明らかなことだ。

しかしその「ネット空間のウソ、トンデモ」は、保守王権に「ヘッドライン寄生」して生み出されたものなのであるところが、罪深いといえる。

## 野放しになっていたトンデモや陰謀論

自分は「真実」に気がついているが、道を行く呑気な一般大衆は、重大な世界の真実に気がついていない。既成の大手マスメディアという悪意ある存在によって妨害され、真実に目覚めていない人々に、覚醒者である私が真実を伝えて眠りから覚まさなければ――。

そんな一心で、印刷代や交通費を自腹で出し、休日の時間まで費やして「ＮＨＫが在日朝鮮人に支配されている」というトンデモ陰謀論を通行人に周知させようとする彼女を遠目で見て、私は耐えられない無力感と怒りの感情を同時に感じた。

無力感とは、一旦「覚醒した」と信じこんでしまった人間に、「もうちょっと考えなおしたら」と諭すことはいかに難しいことか、という点。

怒りとは、事実に基づかない嘘の情報を「真実」であると信じこむ彼女を含む「狭義のネット右翼」に対し、リテラシーの高い良識人達が「それは違うよ」と諭すことをなぜしないのか、という点である。遺憾ながらこの時私はまだ駆け出しのライターであったので、彼女の配布するビラの内容に対し仮に疑問点を挟んだとしても、彼女は私を侮って、ネットの真実を信じ、一笑に付して終わりであったと思う。

しかし当時においても、現在においても、「狭義のネット右翼」の主張するトンデモや陰謀論、そもそも事実ではない嘘を「間違っている」と厳しく指摘する（指摘するべき）人々は存在していたはずである。それは「保守」に分類される所謂「保守系言論人や文化人」と呼ばれる人々である。要するに「保守王権」の面々だ。

本来、「狭義のネット右翼」から発せられるこのような嘘やトンデモを逐一点検し、「それは違う」と指摘することが言論人としての役目の一つであると私は思っているが、しかし過去においても、現在においても、所謂「保守系知識人や言論人」と目される人々から、一部を除いて、彼ら「狭義のネット右翼」による粗悪な言動の数々を糾弾しようとか、誤りを指摘しようとかいう動きはほとんど行われていない。この理由は既に述べたとおりで、彼らを「新しい重要な顧客」と見做しているから、彼らに離反されることを恐れるからである。

## ブロードバンド以前のネット空間を知らない

最後に、「狭義のネット右翼」が抱えるもう一つの特性と問題を見ていくことにしよう。

「ネット右翼」が2002年から発生したことを今一度思い起こすと、2002年は、日本にようやくブロードバンドが普及しだした時代である。そして「後期ネット右翼」が誕生した2007年以降は、家庭で当たり前のように光ファイバーを含む高速インターネットが安価に普及し、動画をストレスなく観ることの出来るインフラが整いはじめた時代だ。

私が問題にしている2007年以降の「狭義のネット右翼」は、この国のインターネット社会の中で、**「比較的後発」に誕生したもの**である、ということを特筆しておかなければならないだろう。彼らは、2002年以前の、ブロードバンドが普及する以前のインターネットの空間をあまり知らない場合が多い。

「狭義のネット右翼」は、既に述べてきたとおり2007年以前に存在していた「前期ネット右翼」のうち、チャンネル桜を媒介としてもたらされた「保守」の体系の照射を受けたものの、それを全く受容しきれなかった層であると同時に、そもそもこの経緯とは関係なく、主に動画などから新規に、２００７年以降流入してきた劣悪なユーザー、の二つに分かれる。感覚で言うと、明らかに後者のほうが現在の「狭義のネット右翼」を構成する主流だ。「保守」の体系を咀嚼しきれず、「広義のネット右翼」への変成が出来ないまま、取り残されて現在に至るという意味での「狭義のネット右翼」は、現在では古参兵扱いだろう。

尤も、このような古参の人々が「狭義のネット右翼」の中で最右翼たる「行動する保守」の中核をなしていることを考えれば、現在にあってもこの古参兵の存在は、「狭義のネット右翼」全体をけん引する主導力として機能している重要な人々である、ということもできよう。

さて、ブロードバンド以前の日本のネット環境（概ね２００１年以前）は、当時、世界のどの国でもそうであったが、イライラするほど低速で、不自由で、しかもすぐ回線が切断されるという不確実な性質のものであった。

ブロードバンド以前の時代のネットユーザーは皆、「ネットが不自由で不便であること」を身をもって体験していた。１９９０年代後半にインターネットでエロ画像を見ようとすれば、たった一枚のポルノ写真の読み込みに、現在では考えられないほどの、「数分〜数十分」などという途方もない時間を要した。

ブログがまだなかった時代、個人の発信には自作のＷＥＢサイト（テキストサイト）が利用されていたが、その自作サイトの製作方法を手ほどきする市販の教本には、必ず「トップページに画像を多用しないこと」と書いてあった。理由は、訪問したユーザーの通信速度が遅いため、読み込みに時間がかかりすぎてコンテンツの中身に触れないまま、ページを去る人間が多かったからだ。現在のＷＥＢデザインやＷＥＢ製作の教本には、「トップページに画像を多用しないこと」などとは、一言も書いていない。

それどころか、フラッシュや動画を駆使することが推奨されている。ブロードバンド以前の時代のＷＥＢデザインの人間が、自身で作ったＷＥＢサイトに画像や動画を載せていたら、まず間違いなく素人扱いされるか変人扱いされた。それほど、通信速度とコンテンツの関係は切っても切れないものだった。

当時、「動画」などというのは、数分などではなく「数時間」のバッファが当たり前、という時代だった。しかもその通信料は、定額制の時間（テレホーダイなど）でなければ、「詐欺的な高額」であった。

現在、月々３０００円とか、５０００円の通信料で、100Mbps とか 200Mbps が当たり前で、瞬間的に画像や動画が再生される状況は、三輪車とジェット戦闘機が競争するのと同じく、比較にならないような進化である。三輪車で進む時代を知らない現在のネットユーザーは、実に幸福で、また不幸だと思う。

## ネットリテラシーの低さゆえに

現在のネットユーザーは、生まれながらにして自動給湯の快適なジャグジーに浸かっているのと同じだ。そのジャグジーが、元々は焚き火で沸かす五右衛門風呂から進化したという歴史を知らず、最初から世界に存在する普遍のものとして、まったく無謬のものとして信じこむのは、愚かで滑稽なことだ。

ブロードバンド以前のネットはテキスト・サイトがメインだった。「ネット右翼（前期）」登場前の2ちゃんねるの空間も、政治的なものというよりは、そのほとんどがアングラ情報とか裏情報とかの、いかがわしいものばかりだったことは既に書いた。

「ネット右翼」以前のネット世界を席巻していたのは、2ちゃんねるの他に「連邦」「侍魂」「バーチャルネットアイドルちゆ12歳」などといったIT系、ネタ話系、お笑い系のテキスト・コンテンツであり、政治的なものはほとんど存在していない。

詳細は忘れたが、当時のネットでは、大阪かどこかのケンタッキーフライドチキンの店頭においてある、カーネル・サンダースの人形が競売にかけられたりしていた（盗んだ犯人は逮捕されたはずである）。それほど、ネット空間は「なんでもあり」のカオスだった。

あるいは、実行の有無はともかく、ネット空間は殺人や犯罪の予告や連絡に必ず利用された。

とにかく、ブロードバンド以前のネット空間は無秩序で、ましてその情報のすべてを「真実」とみる人間はどこかクレイジーである、とみなされていた。

それほど、インターネットは「不自由で不確実で信用出来ないもの」という認識が、ブロードバンド以前のネット空間とユーザーの中にはあった。2ちゃんねるの前身は「あめぞう」だが、「あめぞう」の更に前身は「交通違反のもみ消し方」というサイトである。読んで字のごとくこのサイトは、如何にして違反切符を逃れるかというアングラ知恵袋的なサイトであった。ネットはアングラで、アウトローな違法スレスレ（あるいは完全にアウト）の不確実な情報がごちゃまぜになっている、という前提をほとんどすべての人間が共有していた。

このように「前期ネット右翼」が登場した2002年以降の時代は、インターネットのインフラ自体が大きく改善された時期と驚くほどリンクしている。56kbpsという、現在から考えると縄文時代のようなレベルの回線の速度が、2000年頃からのブロードバンドの普及で一挙に1Mという速度がスタンダードになった。言うまでもなく1Mは1024kbpsであり、単純計算でそれまでの約200倍である。

「狭義のネット右翼」は、通信速度の高速化が更に進み、YouTubeとニコニコ動画という動画投稿サイトが花開いた2007年以降に登場する。動画に激烈に依拠する傾向のある「狭義のネット右翼」の隆盛と、ネットインフラの整備は切っても切れない関係がある。

こうした「インターネットの不自由さ、不確実さ」を全く知らないような、ネット利用者の

「後発組」によって「狭義のネット右翼」は占められているという特徴がある。

ゼロ年代の中盤くらいまで、特にネット利用に疎かった50代、60代の中・高年齢層が、息子や娘の勧誘によって設置、あるいは契約を触発されたブロードバンド回線を突然利用することにより、「ネットの真実に覚醒めた」というケースは、存外に多い。

彼らはネットが「不便で不自由なもの」という感覚を知らない。たった一枚のポルノ画像の読み込みに20分掛かる、という事実を想像できない。高速回線の快適なインフラの中で突然展開される「韓国の反日の真実」「真実を伝えないマスコミ」に代表されるスムーズな画像や動画は、確かに驚くほど精密である。

それは、ネットの通信速度というインフラの劇的向上によってもたらされたものにすぎないが、最初からその世界を自明のものとして受け止める人間にとってはまるで「魔法」のように思える。

ストレスフルだった時期のインターネット空間を知らない彼らは、ネットを「万能」ないし「万能に近い存在」と思い込み、そこに書いてあることを「真実」と思うようになっても、何ら不思議ではない。

しかしネットは不自由で不便で胡散臭いことを身をもって経験してきたネット黎明期のユーザーからすれば、ネット上に溢れる情報など、所詮信用出来ないものである、などというリテラシーは当然のごとく備わっている。だがその時代を知らなければ、そのような感覚は存在していない。「狭義のネット右翼」のリテラシーの低さは、このようなインターネットのインフラ整備の進歩と、密接につながっている。

# 第５章

# 土着化する保守王権

## 在日特権の根拠を発見？

福岡県の小都市に所属するある市議会議員が、２０１４年10月26日に、〝「在日特権・外国人特権」の公的証明を発見した〟と大々的に自身のブログで発表し、一部のネット界隈でこの記事が大きく拡散された事例があった。

皮肉なことにその市議は、

「ネットで散々、語られる〝在日特権・外国人特権〟ですが、公的に、法的に証明された例はほとんどないのが実態です」

などと「在日特権」には科学的根拠が薄弱であることを素直に認めた上で、「そんな中で、この度私が、根拠を発見した」として大々的に当該記事の拡散を公衆に呼びかけているのである。

まるで宇宙人とかビッグフットの発見報告のような前置きで笑えるが、その市議が示した「科学的根拠」というのは、次のようなものであった。

市議が指摘するのは、所謂、「扶養控除」を利用した脱税行為の一種である。特に、海外に配偶者や子息がいる納税者については、当地での人員把握が困難な事例が存在する。納税者の配偶者の居住地が途上国であったり、日本から余りにも遠い遠国だったりする場合は、納税者の申告通りに、海外に複数の扶養親族が居ると認定され、日本で課税される所得税・住民税などが控除される制度である。

実際には申告のような親族は存在しなかったり、人数を水増ししていたりするのに、日本の税務当局による裏付け調査が困難であることを理由に、「外国人の被扶養者が居る日本の納税者の扶養控除」を大々的に問題視する、という内容であった。

実際このことはこの時期、報道各社が扱ったりしたが、この市議が提示する根拠とは、「外国に複数の扶養親族が居ると仮定したシミュレーションに於ける、扶養控除の金額」を、「扶養親族が存在しない日本人世帯」と比較したポンチ絵のようなシミュレーションだった。

つまり、この市議が主張している「在日特権・外国人特権の根拠」というのは、日本における納税者であればだれでも適用になる「扶養控除」を利用している納税者を、勝手に「在日朝鮮人世帯」であると読み替えただけの納税シミュレーションであって、科学的根拠では全くないどころか単なる「想定」にすぎない。

実際この件は、各メディアで追加報道され、「海外における被扶養者」の存在を偽って脱税に類する行為をしていた可能性がある、その被扶養者の国籍の内訳の筆頭はフィリピンとブラジルであった。

つまり有り体に言えば、「外国にいる配偶者子息を養っている」ことにしている納税者による扶養控除制度の悪用の危険性を指摘するものなのだが、この市議のブログが「保守速報」というｌ「ネット右翼」を代表する「まとめサイト」に転載されるやいなや、その記事のタイトルが「【拡散希望】××××・○○市議が『在日特権』を詳細に説明‼（筆者注＊×4文字は人名、○○二つは市町村名）」と、いつの間にか「外国人の被扶養者の存在を前提にした扶養控除制度」が、「在日特権を詳細に説明！」などと過激なものに置き換わった。

さらにその「保守速報」から「孫転載（三次引用）」されたある2ちゃんねるのスレッドタイトルには「ついに在日特権が証明される！」などというニュアンスのものに変わっていった。

この市議は、保守系と目されるSNSサービスを運営したり、既に何度も紹介してきた保守系の放送局である「チャンネル桜」への出演経験などを有する。保守論客と言うほどではないにせよ、この市議が「保守系のオピニオンを発する」人物と目されているのは間違いがない。

本来、この市議が提示したシミュレーション自体が、「在日特権」とは全く関係のない事例なのにもかかわらず、それに寄生したネット空間が、二次引用、三次引用となるに連れて、そのヘッドラインがより過激で先鋭的な断定調に変わっていった、という変遷を証明するのに最適な事例であろう。

私は「保守」を「王権」と称したが、まさにこの「保守王権」に寄生した「狭義のネット右翼」は、このように「王権」の唱える主張の「ヘッドライン」に寄生し、ときとしてそれを拡散させる過程で、往々にしてその「ヘッドライン」すらも都合の良いように改編する傾向がかいま見える。

## 保守の言説自体が歪んできた

しかしここで問題にするのは、寄生する「狭義のネット右翼」のリテラシーの低さについてではない。それについては前章でさんざん、頁を割いて来た。

ここでは、102頁における先の沖縄の事例を振り返っても分かるように、「保守王権」の下流に位置する「ネット右翼」による「ヘッドライン寄生」が、全て全面的に「ネット右翼」側に責任があり、糾弾されるべきであるという訳ではない、という点についてである。

つまり「ヘッドライン寄生」の上流に位置する「保守」の言説そのものが、異様に歪んでいる例が激増している、ということだ。

この事例では、「狭義のネット右翼」が保守速報などを通じて引用されるたびに過激に展開していったその大本、ここでは福岡県の市議会議員の、その言説そのものが歪み、根本から誤っていた。その点で、寄生の元、つまり宿主に決定的な瑕疵がある事例として分析が可能である。

無論、これとて、それを拡散させる過程で「狭義のネット右翼」が引用元を自己点検すれば済む話ではある。が、ヘッドライン寄生とは、そもそも「保守」の発する言葉や論文の本意を無視して、ヘッドライン（見出しと目次など）だけを曲解して、それを自身の差別的な言説の根拠としているという意味であった。その行為を積極的に咎めるという行為をしない「保守」側の黙認態度に問題はあるにせよ、「保守」側からの発信や提言そのものには、落ち度はないと考えられる。文意を正確に読み取ることのできない、教養の基礎やリテラシーの低い「寄生側」、つまり最終的な責任は「狭義のネット右翼側」にある、といえるわけだ。

しかし宿主たる「保守」自体の言説が全くでたらめだった前述のような場合、そこに寄生して拡散をしていった「狭義のネット右翼」に、どの程度の落ち度があるのかというと、判断が難しい。少なくともその主犯は明らかに上流、宿主たる「保守」に求められるべきで、それこそ糾弾の対象になるべきであろう。

よってそれは「保守王権」の誤謬そのものであり、実はこのことのほうが、「ヘッドライン寄生」よりも根深い、最大の問題なのではないかと私は思っている。

## 「保守王権」が拡大させるデマ

「8.6秒バズーカー」という2人組お笑いコンビが放つ「ラッスンゴレライ」という珍妙なかけ声が2015年明けからブレイクした。しかし「狭義のネット右翼」から、この「ラッスンゴレライ」は**広島の原爆投下を揶揄したもの**である、という都市伝説が駆け巡り、ちょっとした騒動になった。

なんでも、「8.6秒」は広島原爆の日付8月6日の揶揄、「ラッスンゴレライ」というのは、原爆投下時の号令「落寸号令雷」のことを指し、これは「Lusting God laid light（ラッスンゴーレーライ・神の裁定の光）」である、ということのようだ。

2015年4月22日発売の「週刊新潮」では、「反日芸人と急接近?」と題して、安倍総理自身が主催する「桜を見る会（新宿御苑）」にこの「8.6秒」の二人が参加したことを写真記事で伝えている。識者らのコメントによると「原爆投下の隠語や暗喩とは到底思えない」（岡部いさく氏）、「陰謀論の文脈にからめとられている印象」（井上トシユキ氏）など全否定の論調である。

事実、「8.6秒」は50メートル走の記録としてあまりにも遅く失笑のネタになったので、そこからの命名であることが本人談としてある。「ラッスン〜」は当然のことだが、広島に原爆を投下したエノラ・ゲイ号の機長、ポール・W・ティベッツJr.が、そのように叫んだという記録も残されていない。

「**信号音声停止用意—旋回用意**」。これがティベッツ機長が原爆投下の際に放った言葉である（『エノラ・ゲイ ドキュメント原爆投下』マックス・ウォーガン・ウィッツ著、松田銑訳、TBSブリタニカ、1980年、434頁）。原爆本体を搭載している爆弾庫の開放と、原爆炸裂の衝撃波を回避するため、機体の急速旋回を準備したものである。

この準備指示を受け、原爆は爆撃手の目視により「完璧な目標」たるT字型の相生橋めがけて投下された。「ラッスンゴレライ」など、どこにも存在していない。

「ラッスンゴレライ」が破綻してくると、今度はこのコンビによる「ちょっと待って〜」の言い回しが、B-29の機体に「CHOTTO MATTE」と描いてある（ノーズアート）ことからの引用、このコンビの二人が「韓国式」のピースをしているとか、かつてブログなどで反日的発言を行っていたとか、吉本興業の関連イベントのウェブサイトのメタタグに「8月6日」と書いてあった、吉本興業のページから二人の箇所が消えている（恐らく狭義のネット右翼からの抗議を心配してのことだろう）などの、「証拠」としては何の根拠もないデマが百花繚乱状態で飛び回るばかりか、「8.6秒」の二人は実は在日朝鮮人である、というまたぞろ「**在日認定**」まで「狭義のネット右翼」の手で出る始末となったのである。

## デマを取り上げる「プロ」がデマを補強する

このデマに触発されたのか、ある保守系評論家はツイッター上で、「8.6秒」を「**この嘘つき在日芸人**」と罵り、それをフォロワーがツイートでさらに拡散する事態にまで至っている。また別の保守系評論家も、「狭義のネット右翼」による「8.6秒」への批判ツイートを、肯定的な文脈の中でリツイートしている。このような事例は枚挙にいとまがない。

こうなってくると、論壇誌に投稿したり著作を有するレベルの評論家が、ネット上のデマ・都市伝説をそのまま汲み上げ、そこに自説を展開させ、さらに一般の右派系ユーザーがそれを逆根拠として拡散する、という悪循環が生まれる始末である。

むしろ、問題なのはネットのデマを汲み上げるこういった「プロ」の批評家や作家たちだ。「8.6秒」騒動の場合は、当初、ネット空間に自閉したデマを、保守系言論人がさも自明のごとく引用するものだから、「狭義のネット右翼」たちはたちまち「〇〇先生もそういっている」と権威づけして、それを逆根拠として拡散する、という従来の「保守」から「狭義のネット右翼」という、上から下への「ヘッドライン寄生」には無かったタイプの現象（デマ補強型）が生み出されている。これこそが本章で問題視する「保守王権」のミステイクであり、罪である。

ネットのデマを引用して「プロ」が自説を展開し、そのことで周囲の「狭義のネット右翼」

がますます「専門家から認知された信用できる情報」としてデマを補強する状況になっている。このことが、ネットでトンデモなデマが増え続ける理由の一つとなっている。

## 保守系論客がデマの発生源だった

一方、保守系言論人の言説に寄生して展開される従来型の「ヘッドライン寄生（見出し寄生）」も十分に健在だ。

２０１５年４月19日、元航空幕僚長の田母神俊雄氏は、自身のツイッター上で、

沖縄県知事翁長氏の娘さんは中国の北京大学に留学後、上海の政府機関で働く中国人男性と結婚。その男性は中国共産党・太子党幹部の子息だそうです。翁長氏の普天間基地の辺野古移転反対もこれだと理解できますね。（２０１５年４月19日 @toshio_tamogami）

と発信。このツイートは、現在に至るまで１０００件以上のリツイートに晒されている。この根拠として元海上自衛官のある保守系言論人の動画が添付されている。その動画に登場する人物がしゃべっている内容を、ツイッターで紹介した体になっている。

ところがこの内容は、**真っ赤な嘘**だった。これに先立つこと２０１５年４月13日付の「週刊

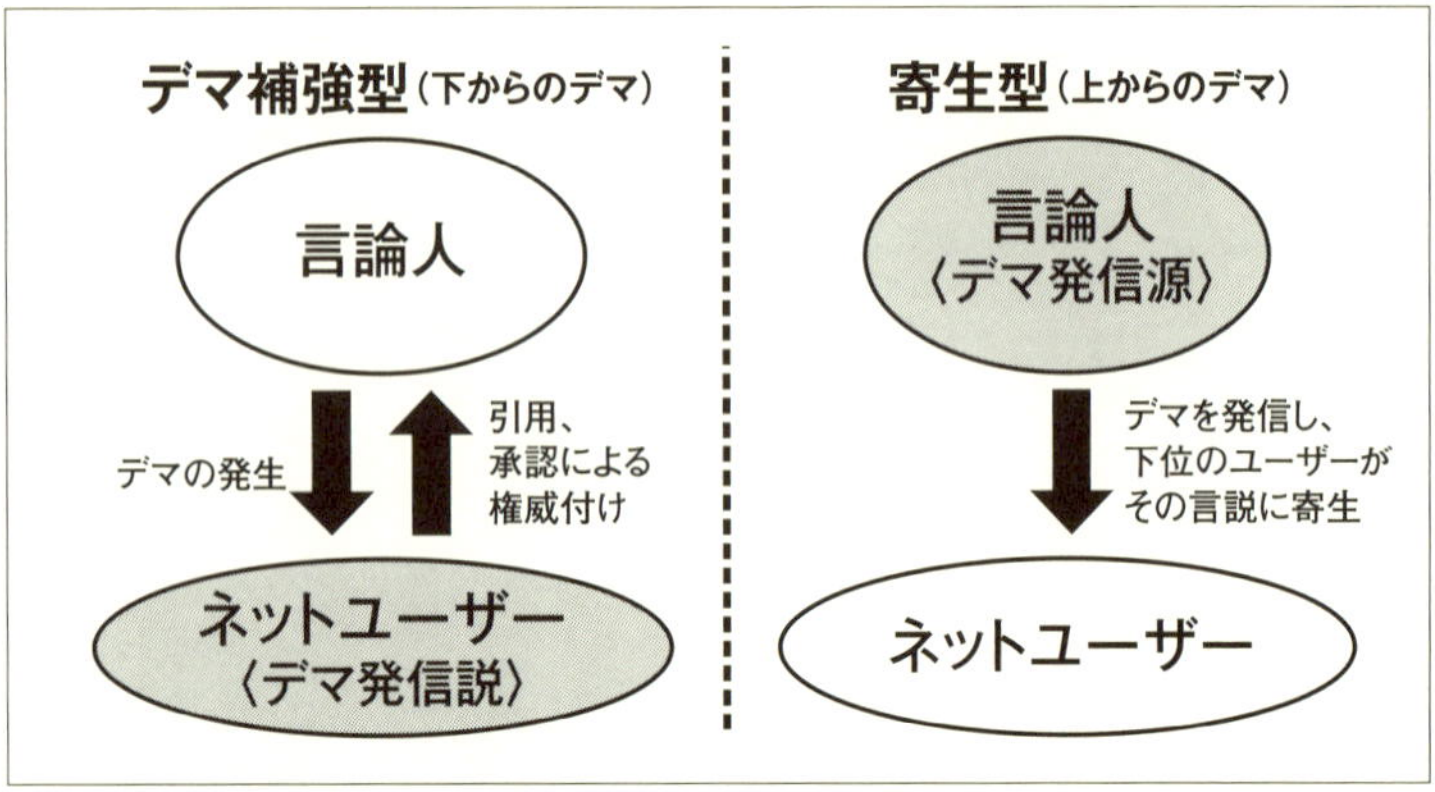


■インターネット空間におけるデマ拡大の構造

ポスト」では、翁長氏の娘は「結婚も留学もしていない」と否定されている。

同誌では、「自民党議員や番記者などが（このデマを）拡散し……」となっているが、実際にはこのデマの発信源は、106頁で示した沖縄の「ヘッドライン寄生」で紹介したある動画に登場する元海上自衛官の保守系言論人であった。当然この人物も、著作を何冊も持っている「文章プロ」のはずだ。

ここで展開されるのは、右派系ネットユーザーが保守系言論人の言説、とくに彼らが登場する短いセンテンスの動画やツイッターに依拠し、そこに寄生している、という事実である。右派系ネットユーザーの寄生先の元々の「発信源」自体が、デマの原発部位であったのだ。

## 保守王権の資質劣化

「8.6秒」の場合は、ネット上で自然発生したデマのケースを、保守系言論人が引用し、「逆輸入」される形でデマがネット空間に補強されていったケース（**下からのデマ拡大**）。「翁長知事の娘」の場合は、「ヘッドライン寄生」に基づいて、保守系言論人が動画の中で語った間違った情報に、右派系ネットユーザーが寄生するという「古典的」な寄生のタイプ（**上からのデマ拡大**）。どちらも、言論や物書きの「プロ」が関与した失態だ。

こうなってくると、もはやこういったタイプの人々は、果たして「言論人」と呼べるのか否かという問題にまで発展してくる。大多数の、真っ当な保守系言論人全体の悪影響・悪イメージをも、惹起させるのではないかと心配でならない。つまりこうなってくると、「保守王権」全体の沽券に関わってくる問題であるが、右記の田母神氏によるデマに基づいたツイートは、2015年5月20日夜現在もいまだ削除されず、公開されたままとなっている。

繰り返すように前章まで例示してきた古典的な「ヘッドライン寄生」とは、「保守」の流す言説をその下流に存在する「狭義のネット右翼」が、半ば勝手に「曲解した」という意味において、「王権」側の罪は一等軽いといえる。

しかし「8.6秒」の例は、ネット上のデマを「保守」が汲み上げ、「翁長知事の娘」の場合は、

「ヘッドライン寄生」と同じ「上から下」の流れを取りながらも、大本の情報自体がデマだったという意味では、先の「生活保護の科学的証拠」という真っ赤な嘘と同様、全面的に「保守王権」側にその主因が求められる。こうなってくると弁明はきわめて難しい。

本来、「狭義のネット右翼」とは独立した上位に体系的な知識を持っているはずの「保守王権」が、その下流域の「狭義のネット右翼」と時として一体となって、デマを拡散していく主因になっているという昨今の状況を、私は王権の劣化という意味で、**「保守王権の土着化」**と呼ぶ。

## 無根拠な韓国経済崩壊の大合唱

「保守王権の土着化」に関連する一例を挙げてみよう。例えば「保守論客」から発せられる韓国経済に関する分析の数々である。

韓国は、1998年の所謂「IMF（国際通貨基金）ショック」により、IMFの管理の下、国内の産業や経済構造の改革と刷新を行ったことで知られる。不採算企業や部門を整理統合し、その結果サムスンやLGなど輸出に強い「国際優良企業」の寡占が進んだ、とされている。

こういった近年の韓国経済の動向は、しばしば「新自由主義的な政策」の実行の果てのクライシスであるとして、特に保守系の経済論客の間で議論され、またそういった趣旨の書籍が出版されてきた。曰く「韓国経済は崩壊する」、曰く「韓国という国家自体が崩壊に向かう」云々である。

このような言説には、韓国国内での競争の激化、自殺率の上昇、若者層の貧困化、大学を出てもろくに就職先がないという惨憺たる状況、というような事実が背景とされる。

尤も、このような「新自由主義的な経済構造の亢進」による社会への悪影響は、韓国に限ったことではなく、日本でも、アメリカでも、香港でも、台湾でも、中国本土でもまま観られる現象であって、韓国だけに特有の問題では決してない。

日本も、やや減ったとはいえ年間2万5000人の自殺者がおりOECDでも指折りの〝自殺大国〟であるし、若者の貧困はもとより深刻な社会現象になっている。大学を出てもろくな就職先がない、というのは「就職氷河期」という単語で馴染みのあるところだ。

こういった韓国社会や経済の「当世事情」はまたも、各種のネット上のブログやSNSで驚くほど単純に韓国人への差別的な呪詛の傍証として引用されているのだが、例えば所得格差を示す「ジニ係数」について、韓国ではその数値が0・53に達している、などという「保守系」と目される論客からと見られる言説が跋扈し、またぞろそれに寄生した「ネット右翼」が、「韓国崩壊」を盛んに喧伝している状態である。

通常、「ジニ係数」は数値が1に近づくほど社会の不平等が拡大している事を示す指数であり、0・4以上になると警戒水域、0・5以上では暴動や果ては革命のリスクが高まる、とも言われている。「韓国のジニ係数は０・53」という言説が本当であれば、韓国国内では激烈な格差が存在し、国内で失業者による暴動が頻発してもおかしくはない数値だが、韓国統計庁と国税庁が発表した２０１２年度の韓国におけるジニ係数は「０・35」である、とされている。

しかも韓国政府自身が、この数値を「ＯＥＣＤ28カ国の中で８番目に高い値である」と認めているが、「０・53」という悪魔的な数値とは程遠い。「０・53」の根拠は何処にあるのかというと、どこにも存在していない。「韓国の政府当局が発表する数値は信用出来ないから」というのがどうもその「根拠」らしきもののひとつとなっているようだが、それを証明するものは存在していない。

韓国のソウルに行くと、駅前に浮浪者のテントや失業者とみられる集団の抗議集会などに出くわす場面があるが、それらは東京の山谷、あるいは大阪の西成に比べて遜色がないか、あるいは日本の方がずっと大規模だ、と見做すことができる。

「ＩＭＦ以降」、確かに韓国国内の所得不均衡は拡大の傾向にあるのは韓国政府自身も認めるところだが、とても「０・53」という悪魔的な数字が根拠のあるものとは言いがたい。ちなみに日本のジニ係数は「０・31」（２０１２年）であり、ＯＥＣＤの平均よりも高く、やはりこの数値は過去最悪を更新中である。これに比して、無論計算の方法によって前後はあるものの、韓国の「０・35」というのは、体感的にもむべなるかな、というところではあろう。

しかし、無根拠な「０・53」という数字に寄生して、またもいとも簡単に「韓国崩壊」の大合唱がひも付けされている。かつて1970年代の北朝鮮の対南プロパガンダの中に、「韓国はアメリカ帝国主義者によって経済植民地にされ、庶民は貧困に喘ぎ、生活の困窮した女子は米兵相手にみな、売春婦として暮らしている（だから共産主義は素晴らしい）」というものがあった。

実際この時期の北朝鮮と韓国は、韓国が「漢江の奇跡」とよばれる高度成長を開始するその戸口であったことから、相当国力的には拮抗し、所得的にはまだ北朝鮮のほうが上、と見做されていた部分もあった。

韓国人が全員貧乏でみな売春婦である、というのは劣悪なプロパガンダだが、韓国自身が貧しかったのは間違いがなかった。「0・53」を根拠に、「韓国経済は崩壊寸前であり、唯一の産業は売春」という過激な言説は、この1970年代に北朝鮮から発せられた対南プロパガンダにそっくりである。

## 上流の言説の歪みがそのまま拡散される

世界中の工業国で国内の格差が高まり、実際に「オキュパイ・ウォールストリート」など若者を主体とした反貧困デモが高まりを見せていることは紛れもない事実である。しかし、「ネット右翼」が寄生する上流にあるはずの「保守」の言説の中には、「0・53」のように全く科学的な根拠の存在していない数字が、さも重大な根拠であるかのようにひとり歩きしている状況がある。

普遍的に存在する格差問題を、「さも韓国だけに存在している」かのように加工して、「韓国崩壊」を厚顔無恥に喧伝して憚らない「ネット右翼」の寄生するその先には、「保守」が無根拠に流すこのような非科学の数字が存在していることにも留意しなければならない。

このような指摘に対して、保守王権側の代表的な抗弁には、「韓国の政府当局が発表する数値は信用出来ないから」というものがある。が、それを根拠とするならば、それに代わる実取材やルポが必要であろう。

よく、「中国当局の発表する経済統計は信用出来ない」とする向きがある。確かに、共産党の一党独裁の中にあっては、彼の国の公刊情報には嘘や水増しが多く含まれていることは想像に難くない。だからそれに代わる経済指標として、交通量や燃料消費量などが実際の中国の成長を推し量るデータとして用いられたりしている。中国の格差や貧困はどうなっているのかを探るために、たくさんの「中国ウォッチャー」達が大陸にわたって、実際の目で観た中国の今を、様々な媒体の中で語っている。

このように、政府当局の公表データによらない、独自の取材のなかで発せられる「中国の格差や貧困」には相応の説得力があるが、「0・53」に代表される「韓国崩壊論」を唱える「保守系」の著者やライターからは、取材やルポといった姿勢は全く見られない。「韓国は未開で野蛮な後進国である」という結論が全て前提として存在しており、そこから理論を組み立てているから、「０・53」などという無根拠な数字が出てくる。繰り返し述べる通り、「韓国の貧困」は「日本の貧困」と部分的には同等で、場合によっては日本のほうが大規模で深刻な事例だって多分に存在する。

「韓国の政府当局が発表する数値は信用出来ない」のであれば、中国の事例のようにそれに代わるデータや取材が必要だと考えるのが当たり前だが、単に「データが信用出来ない」という一点張りの理由で、「０・53」という非科学の数値が簡単に「韓国崩壊」の根拠としてネット空間の中でシェアされ、拡散されるに至っている。

「狭義のネット右翼」が寄生する、上流に存在する「保守」の言説の中に、そもそも科学に基づかない無根拠で粗悪な言説がまじっており、そこに寄生した「狭義のネット右翼」がその歪みをそのままネット空間の中で拡散させている、という現状は、すでにあげた「沖縄が中国軍に占領される」という突拍子もない「保守」から流された空想の類を根拠にして、「支那人けしからん」と発する構造に瓜二つである。

「保守王権」に寄生する「狭義のネット右翼」だけが問題なのではなく、宿主の「保守」の中にある理屈が、そもそも歪んでいる例も、充分に検証されなければならない。

## 「原発問題」に見る深い癒着の構造

福島第一原発事故は、「保守王権」と「狭義のネット右翼」の深い癒着の構造を考える上で、もっとも重要な事例である。

2011年10月20〜22日にかけて、朝日新聞、読売新聞、産経新聞などの主要紙に一斉にある意見広告が出された。広告主は公益財団法人である国家基本問題研究所（通称国基研）であり、理事長にはジャーナリストの櫻井よしこ氏、副理事には杏林大学名誉教授の田久保忠衛氏、それに役員には所謂「保守系論客」ら二十数名の名前がズラリと並んでいる。この意見広告に名を連ねた顔ぶれだけをみると、典型的な「保守論客」らによるオピニオン、ということができる。

その意見広告の内容というのは、「選ぶべき道は脱原発ではありません」というもので、2011年3月11日の東日本大震災と福島第一原発事故が発生してまだ半年程度しか経過していないこの時期、急峻な脱原発運動が盛り上がる中、その機運に「保守側」から楔を打ち込む狙いがあったものと観てほぼ間違いはない。

意見広告では、

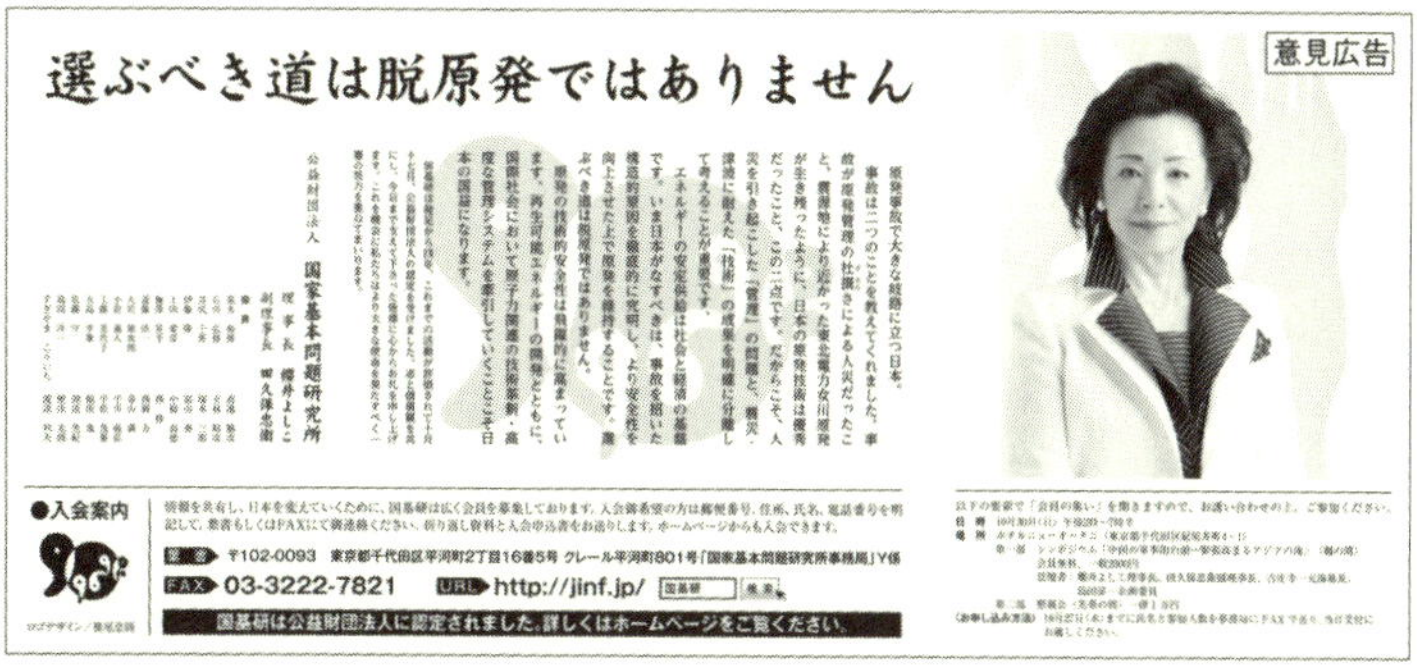

■主要紙に掲載された国家基本問題研究所の意見広告（2011.10.21）

「（福島第一原発事故）は二つのことを教えてくれました。事故が原発管理の杜撰さによる人災だったこと、震源地により近かった東北電力女川原発が生き残ったように、日本の原発技術は優秀だったこと、この二点です」

とした上で、

「エネルギーの安定供給は社会と経済の基盤です。いま日本がなすべきは、事故を招いた構造的原因を徹底的に究明し、より安全性を向上させた上で原発を維持することです。選ぶべき道は脱原発ではありません」

と結んでいる。なるほど、「選ぶべき道は脱原発ではありません」という結論の部分はともかく、福島第一原発事故が人災だった側面を認めて、その構造的原因を徹底的に究明した上で、既存原発の安全性を向上させるべきだ、という論理は、実際に原子力規制委員会が2013年7月に施行した「新規制基準」の方向性にも合致するものであり、極めて現実的な正論であるといえるだろう。

## 保守の「反・脱原発」理論三つのパターン

「保守」の中では、この意見広告に代表されるように、この時期「脱原発」に反目する機運が鮮明となっていたし、その風潮は現在でもほとんど変わっていない。このように「保守」の中から頻繁に発せられる「反・脱原発」の理論はおよそ三パターンに大別される。

まず一つは、「経済理論」である。福島第一原発事故以降、全国の原子炉は相当期間、運転停止状況に陥り、現在でも前出した「新基準」を基に、「再稼働の是非」が検討されていることは言うまでもない。この間、原子力発電所が稼働できないでいた東京電力、関西電力、東北電力などは原発の代替エネルギーとして火力発電所を稼働させたり、海外から輸入エネルギーの割合などを急遽増やして対応することになった。

当然、発電コストが跳ね上がったことから、この間、すべての電力会社（大手10社）は、電気代を値上げした。また、ガス会社も大手4社が同じく燃油代高騰の煽りを受ける形で、ガス代の値上げに踏み切った。

こうした事実は、家計におけるエネルギー費圧迫を促すだけではなく、最も大口で大量顧客である企業向けの電気代も大幅に値上げされたことにより、企業の利益を圧迫するものとして死活問題とされた。実際には、2013年2月に、東京電力管内における約1100軒の法人・事業所が東電の示した値上げ方針を拒否し、値上げ前の電気契約で通電を続けていることから、それらの事業所に対して東電が電気供給の停止を含む強い態度に出ることを打ち出した、と報道されたことは記憶に新しい。

これは、電力の大口消費者である法人にとって、エネルギー費の高騰は企業存続に関わる重大な問題ということを逆説的に示す内容である。よって、こういった燃油代高騰が経済に負の影響を与えるから、それを避けるために「原発を維持するべき（稼働させるべき）だ」というのが、「経済理論」からの「反・脱原発」である。既に観た国家基本問題研究所の意見広告の内容の骨子も、ほぼこの「経済理論」からの「反・脱原発」であると観て良い。

この「保守」が流す「経済理論」からの「反・脱原発」は、まま正論が含まれていることから、そこに寄生する「狭義のネット右翼」による言説も、あくまでヘッドラインに寄生したものであったとしても、さほど頓狂なものは散見されない。曰く「原発を動かさないと日本経済が駄目になる」「原発を動かさないと中小企業が死ぬ」云々である。

実際には過酷な原発事故が起こることのほうが「日本経済が駄目になる」のではないかと思うが、ともあれ「経済理論」からの「反・脱原発」へのヘッドライン寄生は、数ある「狭義のネット右翼」による「保守王権」への寄生事例の中では、最も穏健で整合性があるものということができる。

## 反左翼イデオロギー的な理由

二つ目は、「反・脱原発運動」からの「反・脱原発理論」である。これはどういう意味かといえば、かいつまんで言えば「脱原発運動は左翼がやっているからけしからん」という「反左翼」のイデオロギー的な理由によるものである。

たしかに、福島原発事故を受けて、２０１２年暮れには関西電力管内の「大飯原発再稼働」をめぐり、それを差し止めるべく首都圏で大規模な「反原発デモ」が実施された。この中にあっては、デモを主催した「首都圏反原発連合」などが、左派過激派組織「中核派」や「革マル派」などと繋がっている、という出所不明の情報などを元に、「反原発運動はイコール左翼運動である」という強い決め付けのもと、その運動自体を「保守」が呪詛するニュアンスが強く見受けられた。

NHKなど報道各局により、代々木公園にあつまった「反原発デモ」参加者の模様を空撮した映像が流れると、「主催者発表の10万人などという数字は全くの嘘である」として、主催者が意図的に参加者を水増しした、などの指摘がなされた。「保守側」曰く、「左翼の動員（オルグ）であり、一般の参加者などいない」云々。

この時期の反原発運動の盛り上がりは、確かに左派的イデオロギーを強く持った政党や団体の関与があったことは事実である。実際デモや集会に入ってみると、日本共産党や社民党の関係者や国会議員が、先頭に立っていた事例もしばしば見受けられた。この傾向は、デモが後半になるにつれて、より目立ったものとして映った。

しかし、そうは言っても、この時期の「反原発デモ」は、「左翼の動員（オルグ）であり一般の参加者などいない」という状況とは明らかに異なっていた。それは同じ時期に、保守発のデモの動員状況と比較するとわかる。

２０１０年秋には尖閣諸島沖の中国漁船衝突事件とビデオ流出事件があり、第2章で記述したチャンネル桜の関連組織である「頑張れ日本」が企画した主に首都圏でのデモ活動には、最大で５０００人近くが参加している。

また２０１２年夏には、民放のフジテレビが意図的に大量の韓流ドラマを垂れ流しているとして、お台場のフジテレビ本社を取り囲む抗議デモ、所謂「フジテレビデモ」が実施された。このデモは、2ちゃんねるの大規模ＯＦＦ板から自発的に発生した「実行委員会」主催のものと、前出の「頑張れ日本」の二者が、同じ時間に同じ場所で「共催」したものだった。よって参加者の重複が当然あるものの、このフジテレビデモの参加者数は、のべ約1万人、と見積もられた。

これ以降、フジテレビのスポンサーである化粧品会社「花王」に対する大規模な不買デモが呼びかけられたりしたが、その数とてせいぜい1000人程度であり、今から考えればこの2010年の「尖閣」と2012年の「フジテレビ」の二つのデモが、「保守」発のデモにあっては最大規模の「天井」ものだったのである。

それに比べて、同年の「反原発デモ」のそれは、明らかにこれら二つの「保守発のデモ」を凌駕する規模であったことは明白である。この時期、「保守」が盛んに「左翼の動員（オルグ）であり、一般の参加者などいない」と反原発デモについて喧伝したのは、主催者発表の10万人云々という数字は明らかに誇張があるにせよ、実際には2万とか3万人の規模を集めている反原発デモに対する嫉妬と怨嗟の感情が同居していたからであった。

このような反原発デモに、少なくとも数万の人々が集まったのは、このデモが「左翼の動員（オルグ）であり、一般の参加者などいない」などという言説が、嘘であることを証明している。左派政党や団体が関与していたことは事実とはいえ、この手のデモに集まった参加者の多くは、政党性のない一般大衆であった。そこにいた大多数は、子を抱える母や、日本の行末を本気で憂いている無党派の大学生や会社員などであった。

## 黙殺された「右からの脱原発」

チェルノブイリに匹敵する「レベル7」という未曽有の原発事故の余熱が冷めやらない20

12年、何時事故を起こすとも知れない、しかも「原発銀座」に立地する福井県の大飯原発再稼働への反対の声は、明らかに党派性を超えた大衆の不安と怒りを背景にしたものであって、「左翼の動員」とはかけ離れている。一日大飯原発が再稼働と決まったあと、数次にわたって継続された国会前での「反原発集会」などには、一般大衆が引き上げたあとの党派性の濃い「残滓」だけが目立つようになったにしても。

にもかかわらず「保守側」の嫉妬と怨嗟で惹起された「反・脱原発運動」からの「反・脱原発理論」は、そこに「寄生」した「狭義のネット右翼」によって様々な形で拡散展開されることになった。曰く「反原発集会に来て演説した大江健三郎・坂本龍一らは反日左翼である」などという個人呪詛の言葉の数々である。

そもそもここでは「反日左翼」というのが何を示すものなのかも全く定義されていない。「保守」のいう意見とは外れたもの全てを「反日左翼」と見做すというような、雑駁な論調であると解釈するしかない。

「保守」の流す「反・脱原発運動」からの「反・脱原発理論」のみに寄生した「狭義のネット右翼」の言説には、歪みと歪曲しか感じないが、そもそも「反原発デモ」を行っているのは左翼である、という理屈自体が大きく現実とは異なっている。

日本の美しい山川を放射能で穢すな!を合言葉に、この時期「右からの脱原発」という運動が首都圏を中心に盛んに行われていた。その運動の中心にあったのは右派系の活動家として知られる針谷大輔氏であり、実際氏は２０１２年11月に『右からの脱原発』（ケイアンドケイプレス）を上梓し、保守論壇に一石を投じている。

この著書の帯には何を隠そう坂本龍一氏による推薦文が掲載されているのだが、「かけがえのない国土を放射能で汚染させるとは何事か」という主張は、実に国粋主義的であり、「国土の防衛や保全」に殊更こだわる「保守派」にとっては全く正論の展開のはずであるが、「保守」が「反・脱原発運動」からの「反・脱原発理論」に固執する余り、この点はすっぽり抜け落ちてしまっていた。ましてそこに「寄生」した「狭義のネット右翼」の多くからは、ひたすらデモに参加した人々や著名人への中傷合戦が繰り返されるに至り、「右からの脱原発」という機運は黙殺されてしまったのである。

## 「核武装理論」による「反・脱原発理論」

さて、「保守」の中から頻出する「反・脱原発」の理論の三つ目とは――寧ろこれが最も重要なのかも知れないが――、「核武装理論」に基づく「反・脱原発理論」である。

これは、日本による核武装を提言する保守派が、原発の維持に拘る最も重大で核心的な理論の支柱である。先に挙げた国家基本問題研究所の意見広告の中には、「核武装のために原発が必要です」などとは一言も謳われていないが、賛同人の中に記述された「保守論客」のなかには、根強い「核武装のための原発維持」というイデオロギーがあるのは間違いないと思われる。

核兵器の製造にはウラン濃縮が必要である。そしてその原料には濃縮の結果として排出されたプルトニウムが必要である。原発から排出されるプルトニウムは核兵器の原料になる。だから日本の原発は「潜在的な核兵器保有の前提条件」を兼ね備えている。よって、「現在は無理かもしれない」が、「将来にわたっての日本の核武装の実現のため」に、原子力発電所は必要不可欠である……簡単にいえば「保守」から流される「核武装理論」に基づく「反・脱原発理論」の概略とはこのようなものだ。

この理屈に寄生した狭義のネット右翼は、そのヘッドラインを一瞥してまたぞろ雑駁な「核武装論」を展開した。2012年に反原発デモが盛り上がると、その背景には「日本の核武装を阻止しようとする中国と韓国の陰謀である」というブログ記事やツイートが乱発された。総理官邸前を埋め尽くした反原発集会と、中国と韓国の陰謀とは、当然のこと全く関係がない（ただし、韓国や台湾での原発事故を危惧するこれらの国の出身者が、少数ながら参加した事実はあるが、それは当然〝陰謀〟などとは無縁である）。

それだけではなく、この「狭義のネット右翼」が寄生するところの「保守」による「核武装理論」に基づく「反・脱原発理論」とは、実は科学的にみても全く何の根拠もない屁理屈であると見做さなければならない。どういうことだろうか。それは、日本に現存する54基の原発のうち、その全てが「軽水炉」と呼ばれる形式の原子力発電所だからだ。無論、事故を起こした福島第一原発にあった7基の原子炉も全て「軽水炉」である。この軽水炉は、水を減速材として使用する世界の商用原発の中では最もスタンダードな形式である。現在世界にある原発の多くは、コストと安全性の観点からこの「軽水炉」を使用している。

ところがこの軽水炉は、核武装とは全く何の関係もない。核兵器の原料は濃縮プルトニウムである。軽水炉を運転すると「核のゴミ」としてプルトニウムが排出されるのは自明である。「保守」はこの点をさして「(将来における)日本の核兵器保有の担保となっている」としているが、確かにプルトニウムの排出は事実であるものの、実は軽水炉から出る核廃棄物としてのプルトニウムは、純度の問題から核爆弾にすることが出来ない欠陥の代物なのである。

よって軽水炉をいくら動かしても、そこから排出されるプルトニウムは「核のゴミ」にはなれど、軍事転用することは出来ない。

つまり、日本にある54基の原発は核武装と何ら直結しないのだが、この部分の科学的事実を「保守」の唱える「核武装理論」に基づく「反・脱原発理論」は大きく見落としている。

## 核武装とはまったく無関係

実際、軽水炉は「核武装を断念させるための材料」として国際交渉のテーブルにのぼったことがある。

１９９４年に北朝鮮で核開発疑惑が浮上すると、アメリカ、欧州、日本らの西側先進国は、北朝鮮に核開発を断念させる見返りとして重油の提供と軽水炉の建設を提案した。この枠組はＫＥＤＯ（朝鮮半島エネルギー開発機構）としてスタートすることになる。結局、ＫＥＤＯの枠組み合意自体は北朝鮮の暴走によって瓦解することになったが、「軍事転用不可能な軽水炉」が、北朝鮮の核武装の見返りとして、国際的に提供されることが一時は決められていたのである。それほどまでに軽水炉は核武装と無関係なのだ。

軍事転用と無縁の軽水炉を推進することのどこが「核武装」につながるというのだろうか。軍事知識や科学知識が全く欠如した歪んだ理屈であると言わなければならない。軽水炉に対して、黒鉛を減速材に使用する黒鉛減速炉型の原子力発電所は、その運転の結果から排出されるプルトニウムの純度が高いので、そのまま核兵器への転用が可能となる場合がある。１９８５年に大事故を起こしたチェルノブイリ原発はこの黒鉛減速炉だが、繰り返し述べるように日本には現在黒鉛炉はない。実際には１９６０年着工、65年から運転を開始した茨城県の東海村原発は商業用黒鉛炉だったが、老朽化と安全を考慮して１９９８年に運転を停止し、廃炉作業が進行中である。

核武装を言いたいがための原発維持であれば、その原発の形式は軽水炉ではなく黒鉛炉でなければならない。だから「現在日本にある軽水炉は廃止して、軍事転用の余地がまだしもある黒鉛炉を同数新造するべきだ」という意見がもしあるのなら、核武装を念頭に置いた理屈としては筋が通っているが、こういった論調は「保守」の側からは皆無である。「保守」の言説は、あくまでも現在の軽水炉の維持が核武装を担保するという趣旨の論調に貫かれている。

もっとも、軽水炉の運転の結果排出されるプルトニウムは、そのままでは軍事転用が出来ないものの、臨界しないプルトニウムそのものを使用して「劣化ウラン弾」のような硬質の弾丸や、あるいはプルトニウムそのものを利用した「放射性廃棄物爆弾（所謂、ダーティ・ボム）」を作ることなら、現状では理論上、可能である。しかし、こういった可能性は「保守派」の想定する核武装の姿ではない。

保守が想定する日本の核武装のイメージとは、現在の核保有国のほとんどがそうであるように、大陸間弾道ミサイルや中距離戦術ミサイルを原子力潜水艦に搭載し、核抑止力を実現することである。であるのならば、なおさら軽水炉を維持する、という理屈は意味不明であるが、その意味不明な「保守」の理屈に寄生した「狭義のネット右翼」の言説は更に摩訶不思議な様相を呈している。

## 言説の歪みが最も激烈な原発問題

「反原発デモの背後には中国と韓国の陰謀」はもとより、「日本の核武装には原発が必要！」「原発の維持は将来の核保有に直結！」などという、正しく「保守」から発せられるヘッドラインに寄生することで喧伝される「狭義のネット右翼」の言説は、既に観てきたように沖縄における中国脅威論や所謂「在日特権」や「8.6秒」や翁長知事の娘や韓国崩壊説と全く同じ、その寄生する宿主の言説の歪みや間違いがそのままネット空間にもたらされたものと言って良い。「保守王権」に寄生する「狭義のネット右翼」の言説の、その大本の宿主たる「保守」の言い分が極端に歪み、間違っている構造は、この原発問題に最も激烈に窺うことができよう。

２０１４年１月の東京都知事選挙に立候補した元航空幕僚長の田母神俊雄氏が、「保守」と「ネット右翼」をワームホールのようにブリッジさせた存在であるチャンネル桜の関連団体である「頑張れ日本」の会長を務め、それを後ろ盾とした密接団体を最大の支持母体として選挙戦に突入し、であるがゆえに「ネット右翼」から熱狂的な支持を受けたのは、第３章で既に述べたとおりである。

この田母神氏は、２０１１年10月12日に、自身のツイッターで次のような発言を行っている。

世田谷区で毎時２・７マイクロシーベルトの放射線が計測されたことを危険だとマスコミが煽っています。全く気にする必要はありません。その一万倍の放射線でも24時間、３６５日浴び続けても健康上有益なだけです。（２０１１年10月12日 田母神俊雄ツイッター）

ここで例示された、「世田谷区で毎時２・７マイクロシーベルトの放射線が計測されたこと」

とは、２０１１年10月に世田谷区の住宅で、偶然、区による放射線測定の際に、毎時３・35マイクロシーベルトという異様な高数値の放射線が検出されたことを発端とする一連の騒動のことである。

検証の結果、この家の床下からは「ラジウム２２６」という放射性核種が塗布されたびんが発見された。高度成長期に建材塗料として使用されたなかに、ラジウムが混入していたのを、家人がそのまま30年間も床下に忘れ去って放置していたものらしかった。

この家に住む住人は、推測で年間30ミリシーベルトもの高線量を浴び続けていた計算になるが、高齢にもかかわらず特に健康被害はない、というものだった（その後、同じ世田谷の八幡山にあるスーパーマーケットで、放置ラジウムを原因とした毎時１７０マイクロシーベルトの高線量が検出されるなどした）。

## 科学を無視したトンデモなツイート

普通、大気中の環境放射線は毎時０・05マイクロシーベルトから、岩盤の関係などから高い場所であってもせいぜい０・15マイクロシーベルト程度である。政府が福島第一原発事故以降に定めた基準では、「帰還困難区域」における積算の年間被ばく線量は20ミリシーベルト以上、ということになった。また、それに合わせて年間被ばく線量１ミリシーベルト以上（毎時換算で0・23マイクロシーベルト）の地域は除染が必要、ということになった。

ちなみに私は千葉県の松戸市という中核市に住んでいる。福島第一原発事故以降、一時、放射能プルーム（放射性雲）から降下したとみられる放射性物質によって「ホットスポット」（局所的な高線量地域）などといわれた地区である。

しかし、2014年1月に自宅内を測定したところ、放射線量は0・05マイクロシーベルトと、事故前と何ら変わらない数値が出た。

これを考えると、世田谷の毎時2・7という数値が、如何に異様な数字であるかが分かる。にもかかわらず、特段家人に、長年にわたって健康被害がみられないという報道に触発されたのか、田母神氏は「一万倍の放射線でも24時間、365日浴び続けても健康上有益」と断定している。2・7マイクロシーベルトの1万倍は2万7000マイクロシーベルト。これを1年間365日浴び続けると、年間被ばく線量は約236シーベルトになる。一日あたりでは約0・64シーベルトである。

普通、人間が一度に浴びて致死となる放射線量の境界線は1シーベルト（1000ミリシーベルト）である。広島、長崎の爆心地付近の被ばく線量は10シーベルト近くであったと推計されている。2000年に起こった東海村臨界事故（JOC事故）における、死亡作業員の被ばく線量は5〜10シーベルトだったとされる。1年間とはいえ、200シーベルト以上の放射線量を浴びればまず間違いなく急性放射線障害を起こして人間は死ぬ。

田母神氏のこのツイートは、「科学を無視したトンデモなもの」として当時、大きく報道され、問題になった。田母神氏は出演したテレビ番組などでも「現在の福島原発周辺の放射線量は、全く危なくない。放射能は安全です。放射能は体にいいんです」という頓狂な「珍説」を盛んに開陳した。

このような放射線に対する認識は、医学や科学の観点から言えばまったく非科学の「トンデモ」の領域に達する。氏は、立候補した東京都知事選挙時における秋葉原の演説において、「50年原発を使ってきて、放射能で死んだ人は日本に一人もいない」「(福島第一原発)から発生する高濃度汚染水は、欧州ではコーヒーを飲むときの水」という発言を行った。

福島原発から排出されている高濃度汚染水に含まれる放射性核種は、「コーヒーを飲むときの水」の基準には当然該当しない。「原発で死んだ人はいない」というのも、既にあげたJOC臨界事故の2名の死者や、2004年の美浜原子力発電所における蒸気漏れ事故による5名の死者、さらに福島第一原発事故により避難を余儀なくされた近隣住民が、将来を悲観して自殺したりする「原発関連死」という事実を根底から無視する、「暴言」とも取れる発言である。

さすがに余りにも事実と科学を無視した発言と陣営内からも映ったのか、田母神氏はこれ以降、発言を微妙に修正して「原発事故での急性放射線障害死者はいない」というニュアンスに変更した。陣営内から批判の声を受けたことが修正の原因だという声が私のもとにも聞こえてくるほどの惨状であった。

「保守派の論客」と目される田母神氏のこのような非科学・トンデモ発言の数々は、その下流に位置し、「保守」に寄生する数多くの「狭義のネット右翼」の言説に有形無形の影響を与えたことは言うまでもない。

## 放射能安全説を信奉する人びと

田母神氏のこのような原発と放射線の言説に大きな影響を受けた「狭義のネット右翼」には、少なくない数「放射能安全説」を信奉するものが多い。

福島第一原発事故から1年くらいたって、東京都で開かれたある保守系の集会に行った時のことであった。明らかに田母神氏の発言を真に受けたような人々が、「チェルノブイリの健康被害というのは、全部嘘である」という異様な主張を行う保守系の活動家の弁舌に拍手喝采するという場面に出くわした。

その中には、「放射線防護の専門家」を自称する初老の男性が壇上に立った。彼も典型的に、田母神氏と同じように原発は安全であり、放射線は浴びれば浴びるほど健康によい、という世界観を有していた。

集会が終わったあと、ある一人の女性がその自称専門家に質問した。その内容とは、

「私の知人ががんで放射線治療を受けているが、副作用が出て苦しんで、その治療をやめてしまった。放射線を浴びれば浴びるほど健康によい、という説が正しいのであれば、なぜがんの放射線治療で副作用が出るのか」

というニュアンスのものであった。一瞬会場が凍りついた。まさに核心を突く質問だった。その自称専門家を名乗る初老の男性は、即答はできずに「うっ」とたじろいでしまった。当然である。彼の言う「放射線を浴びれば浴びるほど健康に有益」という主張には、何の科学的・医学的根拠も存在していないのだから。

結果、その男性の回答とは、「その病院の担当医がきちんと放射線照射量をコントロールしなかったのではないか」というものであった。放射線治療の副作用を医者のせいにしたトンデモ回答であり、またこの回答では放射線量によっては副作用被害がある、という彼の自説を根底から覆す矛盾を認めてしまったことになるが、男性は自らの劣勢を自覚したのか、すぐ閉会となった。

「保守」から発せられる多くの「放射能安全説」は、このように全く科学に基づかないトンデモの域に達していることは疑いようもない。

このことは、「水に綺麗だね、と話しかけると水質が変わって美味しくなる」などという疑似科学（所謂「水からの贈り物」）に瓜二つである。「保守」から垂れ流されるこうした言説が、その下流域に存在する「狭義のネット右翼」に深く浸潤し、「福島に設定された避難区域そのものが間違いであり、避難の必要すら無い」とか、「福島第一原発の正門前の土地を買って移住したい」などという無思慮な言説に結びついている。

しかしこのようなことを言う人々の、誰一人として福島の避難区域に移住した例を私は知らない。このような言説は、放射線に故郷を追われ、現在でも8万人からの人々が不自由な避難生活を続けていることに対しての冒瀆に等しい言説であると糾弾しなければならない。

件の田母神氏は、福島は安全だ、原発も安全だ、放射能は浴びれば浴びるほど健康によい、そして避難区域の設定は必要がない、と豪語していたが、東京に住んだまま、警戒区域を訪れたという話すらついぞ聞いたことがない。

このことは「保守王権」に寄生する「狭義のネット右翼」側の手落ちだけを責められる問題ではなく、まさに「保守王権」自身にこそその責任が厳しく求められる事例であるといえるだろう。

## 後藤健二さんの「在日疑惑」デマ

田母神氏の発言に際してもう一つ、「狭義のネット右翼」の寄生先である「保守」の言説自身がそもそも歪んでいる事例を紹介しよう。

ここでなぜ、田母神氏の発言ばかりを集中的に取り上げるのかといえば、田母神氏が2014年2月の東京都知事選に立候補し、「保守」と「ネット右翼」をブリッジしたワームホールの存在である「チャンネル桜」と「頑張れ日本」に大きな支持を受けたことと、田母神氏のタカ派的発言とその世界観が、まさしく「後期ネット右翼＝狭義のネット右翼」の世界観を忠実にトレースし、代弁している象徴的存在として映るからだ。

所謂「イスラム国」が、民間軍事会社代表の湯川遥菜さんと、ジャーナリストの後藤健二さんを誘拐し、法外な身代金を要求した後、殺害した動画を投稿したことは、本書プロローグで示したとおりである。

2015年1月29日、後藤さんが拘束されている最中の段階で、田母神氏は自身のツイッター上で、

> イスラム国に拉致されている後藤健二さんと、その母親の石堂順子さんは姓が違いますが、どうなっているのでしょうか。ネットでは在日の方で通名を使っているからだという情報が流れていますが、真偽のほどは分かりません。マスコミにも後藤健二さんの経歴なども調べて流して欲しいと思います。（傍点筆者）

と発言、瞬く間に物議をかもした。傍点の部分に注目していただきたい。この「ネットでは

在日の方で通名を使っているからだという情報」という部分は、この田母神氏の発言を遡ること2〜3日前の、2ちゃんねる上での発言をまとめた「まとめサイト」、主に「保守速報」などに書き込まれている記述を元にした推測だと思われる。

その内容というのは、所謂「イスラム国」が後藤さんを人質として動画に収録し、公開した画像の中で、後藤さんのローマ字表記を「KENJI GOTO JOGO」と記載していたことに遡る。「KENJI GOTO」は良いとして、最後の「JOGO」の部分が引っかかるというのだ。

なぜ最後に、日本語表記らしくない「JOGO」の文字があるのか。「JOGO」は読みようによっては、「ジョゴ」あるいは「チョゴ」とも読める。韓国人には同じ音の「趙」「呉」という苗字がある。ということは、パスポートには本名が当然記載されているわけだから、後藤さんは在日朝鮮人なのではないか、という、全く何の根拠もない、低俗なネットの憶測である。

## 境界線を失った上流と下流

事の真相というのは、後藤さんが婿養子になっているため（所謂〝マスオさん状態〟）、戸籍上、奥さんの姓である「城後《じょうご》」と記載されていたということに過ぎなかったのだが、ネット上の粗悪な憶測をそのまま真に受ける形で、田母神氏はこの「JOGO」表記に注目し、「後藤さんが在日かどうか、調べたほうが良い」という主旨のツイートをしたのである。

本来、「保守」は、「狭義のネット右翼」の上位に位置する宿主のはずだが、田母神氏のこの場合は、それよりも先に「狭義のネット右翼」の言説が有り、それを無批判に点検もせずに受け止めるという意味で、上流にある宿主としての「保守（王権）」と、下流にある寄生者としての「狭義のネット右翼」という構造が逆転し、田母神氏が積極的に、寄生者の粗悪な言説を、下流から引っ張り出してきたという構造になっている。この構造は、「狭義のネット右翼」の粗悪なデマを「保守」側が追認した「8.6秒」の事例と全く同じである。

しかも、仮に本当に後藤さんが在日コリアンだったとしたら、「助けなくとも良い」というロジックを言っているようにも十分に聞こえる。これだけでも、あまりにも倒錯した言説であると言わなければならない。

仮にも「保守王権」に位置する田母神氏が、劣悪な「狭義のネット右翼」の中にある言説を何の躊躇もなくそのまま上流へ持ちだしているということに程度の低さを感じざるを得ないが、もっと重要なことは、「狭義のネット右翼」の世界観を忠実にトレースした氏が、もはや上流に位置する「保守王権」のポジションを放棄し、下流に位置するはずの「狭義のネット右翼」の最も劣悪な部分と一体化している、という点である。

こうなってくると、「保守」と「狭義のネット右翼」の判別などもはやつきようもない。上流と下流で鑑別されていた「保守王権」と「狭義のネット右翼」の関係性は、全く相互が同一になることで境界線を失ってしまったのである。まさしく「**保守王権の土着化**」の典型例だ。

このように、基本的に「狭義のネット右翼」の上位に存在し、つねに彼らに寄生される存在であった「保守王権」は、実際のところ、上流と下流、つまり宿主と寄生者という上下関係を飛び越えて、近年急速に融合しつつある。

その代表的な事例こそ既に述べた田母神氏である。「狭義のネット右翼」と全く出自の異なる「保守王権」は、本来、「狭義のネット右翼」どころか、インターネットという新媒体自体にも何の関係もなく、むしろ疎遠な存在であった。それを2008年頃から、「半人半狼のアヌビス」であるところの「チャンネル桜」が、ワームホールのようにこの両者をブリッジすることになった。

当初、このワームホールの関係は、一方通行のもの、つまり一方的に「保守王権」が上流として、下流に存在する「ネット右翼」に体系的な保守思想を伝えるものであった。

当然、その結果、「ネット右翼」の中には、「保守王権」の光の照射に反応した、感受性の高く思考力の高い、「広義のネット右翼」が誕生した。これらは、時として熱心な「保守王権」の支持者として、「保守王権」に存在する論客、つまり保守系言論人や知識人と目される人々の書籍の購読者になっていった。当然彼らは、ある程度常識を有しているので、ネット上でも頓狂な声を上げない、物言わぬ良心の人々であった(但しその数は、残念なことに少数であった)。

一方、「保守王権」からの照射は受けているけれども、実際には「ヘッドライン寄生」を行うばかりで、全く王権の知性の恩恵を享受しようとしない「狭義のネット右翼」の人々は、王権が発する書籍や記事のタイトルと目次だけを「権威」として手前勝手に引用し、粗悪なヘイトスピーチやトンデモ、陰謀論を繰り返すに至った。

そして彼らは、非常識で過激で声が大きいので、ネット上では勢い、彼らの勢力が寡占的なように勘違いする。勘違いしたのは、当の「保守王権」そのものであった。

王権側は彼ら、本来であれば王権の恩典とは無縁の「狭義のネット右翼」が、何か自分たちの強力で、新しい支持基盤であると錯覚し、彼らからより多く支持を受けようと、あるいは彼らからの人気をより盛り上げようと（それが保守王権の商業的な利益にもつながると確信して）、次第に王権側の言説が、彼ら「狭義のネット右翼」が好むものに変化していった。

これが「**保守王権の土着化**」だ。つまり、本来別個の存在であった「保守」と「狭義のネット右翼」が合一し、上流にあったはずの「保守」が、下流域にまで降りてきて「狭義のネット右翼」と同一の地平線上で生活を始める「土着化」が開始されたのである。

## 通名を使えば犯罪歴が消える？

この典型的な例こそ何度も言っているように田母神氏であるが、何もこの土着化現象は彼だけに限らない。

例えば「明治天皇の玄孫」としてテレビタレントなどとしても活躍し、保守論壇誌などにも精力的に寄稿し、典型的な「保守王権」の中に位置する論客と看做されている竹田恒泰氏は、2013年10月20日のMBS系列「たかじんのそこまで言って委員会」の中で、

「在特会が活動したおかげで在日の特権の問題が明らかになった」
「例えば、通名というのがあって、日本人の名前に変えることによって、犯罪歴や金融関係の経歴を全部消すことができ、また新たな犯罪ができる」

と発言したことが大きな問題になった。これについては事実無根との指摘や抗議が市民団体などから出され、結局テレビ局側が謝罪・撤回する運びとなっていちおう決着した。

注目したいのは、この竹田氏の発言が、何に依拠したものだったのか、という点である。「在特会が活動したおかげで在日の特権の問題が明らかになった」という部分は既に述べてきたとおり、「在日特権」の多くが同和利権として問題視された関西の事例のスライドであり、「特権」自体がネットの都市伝説の域を出ていないこと。

更に、「通名で犯罪や金融関係の経歴を全部消すことができる」というのは、全くのウソ出鱈目であり、そしてこのような言説は、またぞろ「書籍」ではなく、ネット空間における「まとめサイト」や「コピペ」の中に自閉して存在するものだということだ。

つまり竹田氏のこの発言は、「保守王権」に存在するはずの彼の世界観の根拠が、実証的な書籍や研究などではなく、田母神氏の「JOGO」の解釈の依拠先と同じく、ネットに散らばる真偽不明なトンデモ三文コピーに依拠していることが明らかな点である。

繰り返すように、「通名を使えば犯罪履歴が消える」などという、警視庁公安部のお偉方が聴いたら憤死しそうな事実誤認のデマなど、所謂保守論客が書く「嫌韓本」にすら、そもそも事実ではないから一切書かれてはいないのだ。その出典はネット上の怪しげなブログやサイトであることは一目瞭然だ。

もちろん、竹田氏の古事記を含む日本神話の大衆的普及運動に関する功績は瞠目に値するものがあるが、であるが故にこのような発言には一抹の残念さを感じざるを得ない。

これは、「保守王権の土着化」の典型的な事例の一つである。**「ネット右翼」に知性や教養を与えるはずの王権側の人間が、逆に「ネット右翼」の生産した粗悪なコピペから情報を吸い上げているという逆転現象、すなわち同化現象である。**

「保守王権の土着化」の進行は、このようにとどまるところを知らない。こうなってくると、本書で永らく用いてきた「保守」と「ネット右翼」の鑑別というものが、ほとんど不可能になってしまう。どちらが宿主で、どちらが寄生者か、皆目見当がつかない。

当然、そこからは事実無根のヘイトスピーチ的言説が発生するであろう。しかしその責任が、「私達の意見を勝手に歪曲して解釈した差別主義者の仕業である」という王権側に与えられた、

「ヘッドライン寄生」に対する抗弁や申し開きが、いよいよ難しくなってくる。なぜなら、この両者は渾然一体として癒着しているのだから。

この事実が、ネット上の差別やヘイトスピーチを、単に「狭義のネット右翼の暴走」「一部のバカがやっていることで私は関係ない」という、**王権側が使用できる最大にして最後の逃げ道を失わせている。**「狭義のネット右翼」をそのように切り捨てることが出来ない状況にまで、問題は深刻化している。

「保守王権」と「狭義のネット右翼」が大きく癒着し、同化し、全部ではないにせよ、「保守王権」のなかで知名度や影響力のある「大物たち」が、次々と「保守王権の土着化現象」を起こしている現状を鑑みるに、ヘイトスピーチ発生の責任は、保守や保守王権全体が、我が身のこととして考えなければならない問題と言えるし、その責任の少なくない部分が、王権側にあると言って過言ではない。

では、王権側は、この難題の解決のためにどう立ち向かえばよいのか。

# エピローグ
# ヘイトスピーチはなぜ無くならないのか？

## 無理やり押さえつける方法は有効か

本書中でも触れたとおり、現在「狭義のネット右翼」から頻出し、大きな問題となっている「ヘイトスピーチ」に関して、法で押さえつけたほうが得策である、という議論がある。

保守王権の側としては、この跳梁跋扈するヘイトスピーチ問題の解決策を、まず大上段からなりふり構わず、法で規制して網にかける、という方法に頼る選択肢は、現実的にも無いわけではない。

仮に、恐らく実現しないだろうが「反ヘイト法」なる法案が立法されたとしよう。

確かにそのことによって、無思慮な差別的言動をする人々の、何人かは検挙されるかもしれないが、その立法によって現在のネット空間や、そのネット空間を突き破ってリアルの空間にまで進出してきている「狭義のネット右翼」の言説が止むことは、絶対にないと私は考えている。

本書で繰り返し述べてきたように、「狭義のネット右翼」が主として繰り出す差別的言説は、「保守王権」が発するヘッドラインに寄生し、場合によってはそのヘッドラインを都合よく改編することによって生み出された憎悪的表現にほかならないからだ。

つまりこの場合、ヘイトスピーチを生み出す「原発部位」とは、「保守」側が発する書籍や記事や動画チャンネルでの「ヘッドライン」ということになる。刺激的で扇情的な「韓国は嘘をつく」「韓国は崩壊する」などのヘッドラインだけを観て、そこを苗床として「ネット右翼」はヘイトスピーチを量産させ、拡散させている。

そして既に述べてきたように、いまやこの「ヘッドライン寄生」の現象は、「保守王権の土着化」という新しい深刻な事態にまで発展しているのである。

だからその寄生の結果、いまや「保守」と「狭義のネット右翼」が渾然一体となって生み出されたヘイトスピーチを無理やり押さえつける方法は、この問題の解決策として余り得策ではないであろう。

## 「ヘッドライン寄生」を規制する

では、ヘイトスピーチの根絶には法規制以外にどのような対処が必要なのか、ということであるが、まず一つ目は「保守派」自らが、ネット右翼が「保守王権」に寄生する存在であり、自らの言説が彼らの上流域に位置するという、本書で分析してきた「ネット右翼の構造」を自覚する必要がある、という点である。

保守の少なくない人々が、彼らを「新しい重要な顧客」とみなすから、彼らを必要以上に否定したり、刺激したりすることについて概して消極的であった。例えばせいぜいが「私は在特会には興味がありません・知りません」といった程度の、どうとでもとれる無関心の情を示すのが関の山で、彼らを積極的に否定することをしていないのは前述したとおりだ。

ヘッドライン寄生に終始する「狭義のネット右翼」は、「保守」が生み出す作品を購読しない、非顧客であるから、本来はその部分を切り捨てても、彼らが神経質になっている「自身の本の売上や雑誌の趨勢」には全く関与しないが、ネット上で「ヘッドライン寄生」を行うあまり、上流の「保守」から流される言説がネット空間のみにおいて拡散されたり、また共感されたように感じる（フェイスブックのイイネ機能など）から、まるで自分たちの「保守」の言説がそのままネット空間で理解され、咀嚼されていると思っているが、それは全くの幻想であり、間違いであることは具体的事例を以て指摘してきた。

だから、まず「保守派」は、自らの下流に「狭義のネット右翼」が寄生し、そこを橋頭堡《きょうとうほ》としてヘイトスピーチを生み出しているという現実構造を自覚することが、少なくとも「ヘッドライン寄生」の問題の解決に限っては、最も重要なことだろう。

本書第3章で述べている通り、「嫌韓本」「嫌韓企画本」の実際の本文・内容についての殆どは、「狭義のネット右翼」が好むような主張を行っていないばかりか、時としてそういった都市伝説を否定する向きもある。

しかし、いくらそれを主張したところで詮無きことである。「狭義のネット右翼」が寄生する宿主である「保守」が放つヘッドラインの中に、確実に排外主義的で差別的なニュアンスが多少なりともちりばめられているのは事実として間違いはない。

**実際には、どんなに正確に中国脅威論を唱え、韓国社会の現実や格差の問題、あるいは経済危機について提起していたとしても、ヘッドラインに「息を吐くように嘘をつく韓国人」「世界中で嫌われる韓国人」とあれば、彼らは内容を一切読まずその部分のみに寄生してくる。**

実際には、どんな国の人間であれ嘘をつくのは万国普遍であろうし、かつてマナーや品のない日本人観光客を揶揄する言葉として「ノーキョー（農協）」というのがあったように、マナーの悪さは韓国人や中国人のみの専売特許ではない。

「息を吐くように嘘をつく韓国人」とは著者が体験したり伝聞したりした韓国人の虚言の体験、「世界中で嫌われる韓国人」とはマナー違反をした韓国人観光客が、イタリアやギリシャといった欧州の保養地などで出入り禁止になっている事実をエッセイ風に記述したものがほとんどだ。

「読めば、差別的なことは書いていない」という抗弁は分かるし事実である。しかし実際にそのヘッドラインに寄生されている以上、そうした寄生を呼び起こすような過激で、扇情的なタイトルやヘッドラインを自身の書籍や記事の中で使用するのをまずやめるべきである。

これは現実的には著者というよりも出版社の編集者の問題、ということにもなるのかもしれないが、最終的にはそれを印刷することを了解しているのは著者なのだから、最終的な責任はやはり「保守」の著者側にあると考えなくてはならない。

毅然として、寄生を呼ぶようなタイトルやヘッドラインの使用を控えるよう、強い意志を「保守」が示すことが肝要だ。

もし、「息を吐くように嘘をつく韓国人」というヘッドラインが、「私が韓国で体験したタクシー運転手による釣銭詐欺」というものであれば、「寄生」の度合いは大幅に減るだろう。だが、それを敢えて扇情的なタイトルに改編するのは、その方が「狭義のネット右翼」の購読欲に訴求すると考えているからだが、その考え方自体が間違っている。

## 彼らは「重要な顧客」などではない

繰り返すように、「狭義のネット右翼」はヘッドライン寄生を行うだけであって、その本の購読をしているわけではない。はなから購読する意思などない場合のほうが圧倒的に多い。

しかし、外見上、まるで「新しい重要な顧客」として、なにか「保守」の一端の市場の一部を形成しているようにみえるネット上での拡散や宣伝を行うものだから、ますますそこへの訴求をしようと躍起になって、「保守」自らがまるでメスに積極的にアピールする孔雀のごとく、寄生されやすいようなタイトルとヘッドラインを自ら選定している。

そうして完成された書籍や企画本は、「嫌韓本」などと揶揄され国内外から同時に呪詛の対象になっているが、実際の中身は既に繰り返し触れたとおり、「知韓本・知中本」の類にすぎない。著者としては、体験記、エッセイに過ぎない本が、なにか差別やヘイトスピーチを煽る俗悪低俗の書籍であると見做されることのほうが、作家としてはダメージに繫がるのではないだろうか。

保守が胸を張って自身の作品が差別やヘイトスピーチとは無関係であると言うためには、タイトルやヘッドラインから「寄生」につながるような要素やニュアンスを徹底的に排除する努力が必要であろう。

しかしそのような要素が全くないにもかかわらず、ネット右翼側から勝手に「寄生」される場合も数多く存在する。その場合は、「保守」側にはなんの落ち度もないのだから、堂々とその旨を主張し、寄生して寄り添ってくるようにみえる「狭義のネット右翼」に対して手厳しい制裁（言論的な）を加える必要があるだろう。

しかし多くの「保守」論客は、「保守王権」に寄生しているに過ぎない「狭義のネット右翼」が、「新しい重要な顧客」であると認識し、まるで自らのファンであったり、市場を理解してくれる重要な存在であると見做しているから、このような追撃も制裁も出来ないまま、せいぜいが黙認でおわる。

しかも、場合によっては「保守」の中にあっても、「行動する保守の諸君の動機はわからなくもないが……」とか、「行動は過激だが彼らが在日特権を知らしめた功績はある程度、評価されるべきではないかと思う……」などという、部分留保付きのあいまいな賞賛に及ぶ行為まで、名のある「保守論客」と目される人々が行っているのだからたちが悪い。

いっそのこと、手放しで大絶賛するほうが素直で潔いが、そこについては自らのブランド・イメージに傷がつくと恐れる、その躊躇のなせる技だろう。

彼らの真意がどうあれ、「ヘッドライン寄生」を行う狭義のネット右翼は、そうした「保守王権」側からの承認と礼賛が嬉しいものだから、ネット空間では、そうした微妙な条件付きであっても擁護的な発言をする「保守」は絶賛され、持ち上げられる。

「保守」側はその反応を輸入し、まるで自らのファンが増えており、自らの著書が売れており、そして自らの知名度が上がるとともに、まるで自らの言説全てが普遍的な大衆に肯定されているかのような錯覚に陥るものだから、ますます彼ら「狭義のネット右翼」に好まれるような言説を行っていく。

こうなると負のスパイラルに入り、なかなか抜け出せない。そう、前述した「保守王権」の土着化が開始されるのだ。

有象無象の、顔の見えない「狭義のネット右翼」からの賞賛は、既に述べてきたように長年

「保守論壇」に自閉してきた「保守」にとっては快感である。しかし、実際には彼らは保守から発せられる知識体系や理論体系をほとんど理解などしておらず、また理解しようとする気持ちも持ち合わせていない。

当然彼らは「保守王権」の刊行する書籍、雑誌、新聞を購読する「新しい重要な顧客」にはなりえないし、そもそも「普遍的な大衆」ですらない。

「朝鮮人を追い出せ」と金切り声を上げる人々は、「普遍的な大衆」などではなく「ノイジーマイノリティ」だ。

## 真の大衆にこそ目を向けるべき

「ネット右翼」の誕生を2002年とすると、既に13年近くの歳月が流れた。また「狭義のネット右翼」の勃興を2007年頃としても、既に8年以上が経過している。これだけ拡大した「ネット右翼」が、保守派にとっての「新しい重要な顧客」になっているのだとしたら、繰り返し述べるように何故「保守王権」の長たる産経新聞の部数の爆発的な増加は見込めないのだろうか。

例えば、本書では「狭義のネット右翼」の総人口を約150万人と推定した。

彼らの全員が「保守」にとっての「新しい重要な顧客」となりうるのであれば、現在ABC

（日本新聞協会）が発表している産経新聞の発行部数約150万部にさらに50万部くらい上乗せがあっても良いはずだが、ここ5年間、産経新聞の部数は一貫して横ばいか微減が続いている。「狭義のネット右翼」の多くが、デジタル版の無料の産経の記事のヘッドラインには触れるかもしれないが、一番重要な産経新聞の購読層には、全く入ってきていないことを証明する何よりの数字ではないのだろうか。

「嫌韓本」「嫌韓企画本」の購読者として、「新しい重要な顧客」としての100万人からの「狭義のネット右翼」が存在しているとするなら、何故この手の本の中で未だかつてミリオンセラーが登場していないのだろうか。

「嫌韓本」の筆頭にあげられる『呆韓論』の発行部数は27万部近くと突出している。しかし、その他の「嫌韓本」「嫌韓企画本」の多くは、良くて1万部前後か、その多くが1万部未満の部数のものが殆どである。それでもまだ良い方で、ある編集者から聞いた話では、有名な保守系言論人が著した「嫌韓本」的な本でも、4000部、5000部を刷るのが精一杯だという。しかしそれすらも、2014年以降では飽和状態、ネタ切れの感があり、急速に減少の状態が続いているという。

「新しい重要な顧客」のはずの狭義のネット右翼は、こういった書籍の売上には全くと言ってよいほど貢献していない。

にもかかわらず、この「本来市場ではない層」に訴求するようなタイトルやヘッドラインをもつものが乱発されている。実際に「保守」が想定する読者層と、実際の読者層は全く乖離していることを原因とした悲劇であろう。敵の存在しない砂漠に、戦車部隊を進撃させているようなものだ。

撃っても撃っても「糠に釘」の状況なのに、そもそもその構造がわからないから、撃てば当たると無批判に思い込んでいる。実に徒労である。ネット上で乱舞する、「狭義のネット右翼」による賞賛の声は、直接の購買層とは何ら重複していないという現実を知るべきである。

また本書第5章でも指摘したように、そもそも「保守」の中にある、事実や科学に基づかない言説も重大な問題だ。寧ろこうした事例はヘイトスピーチが網羅する韓国や韓国人についての領域とは関係のない、経済や社会や原発についてのものが多いから、一概には言い切れないが、「保守」が放つ言説が「狭義のネット右翼」の上流域に存在することを自覚し、彼らに「寄生」という隙を与えないように自覚することと、自らが「狭義のネット右翼」の言説とは決別し、決して土着化の方向に走らないこと。これがヘイトスピーチ根絶のためにもっとも重要な要素である。

「ヘイトスピーチ」とは、「保守王権」と「狭義のネット右翼」が癒着した果てに登場した、最悪の言説の集合体である。そこにあるのは無知と非科学とトンデモである。こうした魔物の正体を見極め、痛打を加えることこそ、いま最も「保守」に求められているリテラシーではないのか。

「保守王権」に寄生する「狭義のネット右翼」は、実際には見かけ上、王権を支持し、理解しているように思えるが、その実、ヘッドラインのみを咀嚼し寄生する存在であるから、「王を支持している大衆」などではない。自分を支持していないノイジーマイノリティのみに優先的にパンを配る王は、巨視的に見れば懐が深いが、通常の感覚からすれば愚鈍で馬鹿だと思う。

真の大衆は、そういった王の所作をじっと観察し、適切に支持・不支持をきめている聡明な人々である。「保守王権」をもし存続させ、強化したいと願うのならば、自分を理解・支持しているようで実はまったくそっぽを向いている「狭義のネット右翼」を切り離し、真の大衆にこそ目を向けるのが理想的である。

## 「新しい保守」の確立を目指して

保守王権に寄生する狭義のネット右翼、そして、近年では、あまつさえ彼らの世界に降下し、「土着化」するまでの様相を呈した保守王権。

法で規制することも実効性の観点からも難しく、さりとて「寄生」するところのネット右翼を、保守王権自らが切り捨てることは理想ではあるが、「保守王権の土着化」という事態に際しては、至難の業のように思える。

要するに、健全な部分と、そうでない悪性の組織が、その境界線があいまいなまま、癒着し、融和しているのが現在の「保守」と「狭義のネット右翼」を俯瞰した状態といえるのである。

当然のことながら、ブラックジャック級の天才的な外科医であっても、この境界が融和した「保守」と「狭義のネット右翼」を完全分離する手術は難しいと思う。あちらが立てばこちらが立たずで、いまや融合した両者は、はっきりと「ここ」という境界がないまま、分離することも切り捨てることも出来ず、両者が相互依存し、場合によっては共存した状態にあるからである。

そんななか、ややエポックメイキングとなりそうな「事件」も聞こえてきた。

本書で繰り返し取り上げた、元航空幕僚長の田母神俊雄氏の資金管理団体が、2014年2月の都知事選挙（落選）で、無辜の支持者から集めた選挙資金1億数千万円のうち、少なくとも3000万円近くが、会計責任者らの私的流用によって、失われていたことが、2015年2月になって発覚し、大きく報道されたのだった（プロローグに記述）。

この「事件」を巡って、当時、大々的に田母神氏を支持し、後援していた「チャンネル桜」側は、資金流用に関する田母神氏の説明にさらなる重大な疑義と嘘があるとして、田母神氏を「大嘘つき、保守ではない」と追求し、一方で田母神氏は「ウソではない、誹謗中傷はやめよ」と応戦するなどの様相を呈している。

私は、この問題に関して特に目立った知見を持っていないし、双方どちらの主張が正しいのかを既存の報道ベース以上に論評するつもりもない。しかし確実に言えることは、この双方の空中戦・非難の応酬をはために観た多くの人々は、そのどちらにも与することはせず、ただただ冷えきった白色矮星のように、その両者から興味を失っていくことだけが類推されようということだ。

かつて、「保守王権」と「ネット右翼」をブリッジさせた「チャンネル桜」が、「保守論客期待の星」と見做された田母神氏を、「狭義のネット右翼」に「東京のみならず日本を救う救世主」と絶賛して紹介し、自らが積極的な宣伝拡散の役割を担いながら、結局は仲違いするこうした「保守王権」内のゴタゴタと反目には、遺憾ながら多くの人びとが冷たい目線を送っている。とりわけ私は、2011年11月から約2年強にわたって、「チャンネル桜」の主催するインターネット番組の司会を任されていただけに他人事ではなく、かつて顔見知りだった人々が、このようなお互いに険悪な関係に陥ってしまったことが大変残念であり、大きな失望を隠せずにはいられないのである。

一方、もはや「狭義のネット右翼」と一体化した田母神氏は、2014年12月の衆院選挙で西村眞悟氏とともに「次世代の党」から公認を受け、「公明党をぶっ潰す」と宣言して、同党の太田昭宏氏が立候補する東京12区（東京北区）に、カウンターとして果敢に立候補したが、結果として太田氏（8万8000票）に及ばないどころか、「生活の党（その後、生活の党と山本太郎となかまたちに党名変更）」から立候補して落選した青木愛氏の4万票にもおよばず、小選挙区最下位の4位で落選するに終わった。

「狭義のネット右翼」に土着化した田母神氏の主張は、その土着化を歓迎する、ごく一部の過激で頓狂なマイノリティの支持は受けるが、大衆的な支持には遠く及ばないことが明らかになった。繰り返し述べていることだが、田母神氏の母体の次世代の党も、ほとんど同じ理由で改選前の19議席から2議席に激減した。

もちろん、田母神氏の一連の活動には、瞠目すべき功績があったこともまた事実である。氏が一躍注目を集めることとなった所謂「田母神論文」は、その内容の精度はともかく、これまでタブーであった日中戦争に関する歴史的論争を巻き起こしたという点においては、重要であった。また敗れたとはいえ、氏が2013年の東京都知事選で主張した「防災都市東京」の未来イメージは、「3・11」の教訓と相まって、都市型災害に耐えうる強靭な首都の再構築という点においては、説得力のある主張だったと言える。私は田母神氏の言動のすべてを否定しているわけではない。ただ、それらの「過去における瞠目すべき功績」を打ち消してしまうくらい、残念な「土着化」の言説があまりにも多く散見されたという事実を指摘しているだけだ。

このような中にあっては、「保守王権」内部の刷新やら改革やらを期待するのは、どだい無理筋の空理空論のように思う。無論、「保守王権」と「狭義のネット右翼」の結合と癒着とは全く遠い、その化学反応の真反対に位置する良質な保守系言論人とその理解者にとっては、このような問題など未だ対岸の火事であるし、彼らからしてみればそもそも「狭義のネット右翼」など相手にするに足りないクラスタであるから興味など無い。

しかし、「自分とは関係のないこと」と高をくくっていれば、はじめ保守論客の期待の星として登場した田母神氏が、あれよあれよという間にネット右翼と土着化し、同質化し始めた例に倣うならば、全くの他人事であるとは言い切れないだろう。「保守王権」の土着化とは全く無縁な、高度な空間にいる保守王権の中の人々にとっても、「狭義のネット右翼」とそれに連なるヘイトスピーチの問題は、我が事として考えねばならない重要性を有している。

ともあれ、「保守王権」自身が「狭義のネット右翼」という寄生体と部分で融合し、その分離が不可能である現状、やはり「王権」の内部にその答えを求めず、その王権にプロテストするかたちで新しい「保守」のカタチが模索されてしかるべきであろう。

## ソーシャル保守誕生の必要性

中世ヨーロッパでは、腐敗したローマ・カトリック教会に対抗するべく、主に神聖ローマ帝国の領域内でルターらによる宗教改革が起こり、ローマ教皇を頂点としない、全く新しいキリスト教の一派が誕生した。所謂プロテスタント（新教）のはじまりである。

一方、ローマ・カトリック教会側も、プロテスタント分派の勢いを横目で見て危機感を覚え、耶蘇会（イエズス会）に代表される開拓勢力が、まだ未開の新境地であったアジアなどを目指して布教の船旅に出発した。

いずれも、旧態然として瓦解しかけていたローマ・カトリック教会の改革運動として沸き起こった歴史的潮流である。

私は決して、現在の「保守王権」を、中世期のローマ・カトリック教会の腐敗と停滞になぞらえるわけではないが、「保守王権」にも、類似の革新と改革が必要であるとつねづね思っている。

高度国家論、すなわち本書でとり上げた「憲法」「国防」「歴史観」といった、マクロ的な天下国家を説くばかりではなく、貧困や福祉、若者の就労問題やブラック企業問題、子育てや育児、教育など、社会的な分野、つまりソーシャルな分野での主張を、愛国心を基に展開する、旧来の「保守王権」とは異なる、「ソーシャル保守」の誕生が必要である、とは、拙著『若者は本当に右傾化しているのか』の結びに、構想として述べたとおりである。

「ソーシャル保守」を突き詰めていけば、この動きは旧来の「保守王権」にプロテストする立場から発生したものだから、ローマ・カトリック教会側のイエズス会ではなく、明らかにルター一派のプロテスタントに近い存在である。

しかし、私が「ソーシャル保守」の誕生を提言し、予言した2013年5月から2年以上の歳月がたっても、いまだ「ソーシャル保守」の誕生は、その萌芽の胎動すら見ることはなく、既に述べたように「保守王権」内部での空中戦に明け暮れて、全く先が見えない状況である。

当然のことながら、このままでは、「保守王権」は大衆的な支持を得られることなく、一部の趣味人らによる閉鎖された「温室」としてのサロンとして、「ふたたび」永い黄昏の時代を迎えることになるだろう。それは、本書冒頭でいみじくも述べたとおり、保守政権が続けば続くほど、より鮮明な輪郭を帯びてくるだろう。保守政権下で最も困難に直面する勢力こそ、当の「保守王権」だからである。

問題は「保守王権」の行末ではなく、日本国家の安泰である。極言すれば、日本が安泰であれば、その内部（一角）に存在する「保守王権」の存在などどうでも良い、と言ってしまえばそれまでである。昨今の状況を見ていると、もはやそんな、末期的で厭世的な気分にすらなってしまう。

しかし私は、あえて保守派の立場から、曲がりなりにもせっかく愛国心をふんだんに持った保守派から構成される「保守王権」が、このまま朽ちていくのを見るに忍びない、という一抹の温情にも似た感情を有しているのだ。ゆくゆく「保守王権」がどうなるかは別として、現状の、土着化した王権の体たらくを糾弾し、かつサロンの内部言語などではなく、真に大衆的な支持に訴え、日本をより良くするためには、「保守王権」にプロテストする「ソーシャル保守」の誕生が絶対に必要であろう。

## 毅然としてNOを

「ソーシャル保守」は愛国心を基盤とした、ゆるやかな良識人による連合体となるはずである。その人々は、コモン・センス、つまり良民による常識でもって、急進的な改革を拒否する一方で、歴史と経験に基づく賢明な落とし所を探る、ゆるやかな連合体になるだろう。

まさしく、フランス革命の熱狂と狂騒の世相を斜に構えて見、人間の理性を懐疑し、歴史と経験に基づく現実感覚を有した人々（エドモンド・バークが定義する保守主義）が、「ソーシャル保守」の屋台骨をなせる構成員になろう。

当然、そこには頓狂な現行憲法破棄の理屈や、自衛隊の性急なる国軍化や世界の警察官としての大部隊の海外展開といった、現実離れした過激な政策や思想が入り込む余地は薄い。私達が生活し、生きる、この国の社会の現状に寄り添った、穏健で常識的な主張が提言され、多くの人からの賛同を得るであろう。当然、民族呪詛の差別的言説には、決然とNOを言う空間の誕生である。

そのような「ソーシャル保守」の誕生のためには、まず「保守王権」が、可能な限り、レーザーで焼けるギリギリの範囲の「悪性部位」を切り離すことが必要であろう。「保守王権」が部分的にも「狭義のネット右翼」と土着化した現状、切り離される部分には正常な細胞も混ざっているかも知れないが、そんなことを言っている場合ではない。

時としてそのような「切り捨て」の概念は不道徳や無慈悲と映るかもしれないが、やむを得ない処置ではなかろうか。その切り捨ての部分に、「保守王権」の中で活躍する言論人などが少なからずいたとしても、躊躇することはできないのである。

そのような「切り離し」を行った上でも、まだ本体には、悪性部位がこびりついているだろう。しかし、細胞の一欠片の単位にまで純潔を求めることは出来ない。多少のほころび、不純物は許可しつつ、真に不良な部位を批判し続けていれば、そのこびりついた末端の腐敗は、自然と遠心分離機にかけられるがごとく、やがては飛び散るだろう。

現状問題なのは、その最も悪性な部分ですら取り除かないまま、放置されたままの「土着化」が進んでいることだ。事実に基づかないトンデモ、陰謀論、そこを原発部位として発せられる差別的言説（ヘイトスピーチ）については、毅然と、保守側がＮＯと言わなければならない。

ヘイトスピーチの発生原因には、様々な要素が存在すると語られてきた。曰く、日本経済の長期的停滞、曰く日本人全体の知性の劣化、曰く政府の無為無策、云々である。

無論、それぞれを完全に否定することは出来ないが、最も大きい理由は、本書でも繰り返し述べてきたように、ヘイトスピーチの原発部位に存在する「狭義のネット右翼」の思想的宿主となっている「保守王権」そのものの体たらくであり、あまつさえ近年、言うに事欠いて土着化の方向に進んでいる王権そのものの堕落である。

この構造を解決しなければ、いかなる立法や人権擁護の取り組みも、徒労に終わる可能性がある。ヘイトスピーチは「保守王権」が拡大していく（ように思えた）過程で発生したどうしようもない副産物である。

原発を稼働させて出る核のゴミ・プルトニウムの存在に似ている。しかし、プルトニウムは半永久的に放射線を出し続ける厄介な存在だが、ヘイトスピーチなる副産物は、「保守王権」が毅然としてNOを言い、切り離せばその多くの部分が解決できよう。

そして、それが成就した暁には、すでに「保守王権」は「保守王権」ではなくなっている。その姿を「ソーシャル保守」と呼ぶのかなんというのかは定かではないが、必ずそういった日がやってくるだろう。

その時、「保守王権」は真に民主化され、例えば緩やかな共和制となって、時の人々のコモン・センス（常識）の中に溶けて、消えていくのだろう。だがしかし、その姿こそ、保守の求めた理想の普遍化であり、日本国家にとっては最良の結末なのかもしれない。

著者について

古谷経衡

ふるや・つねひら

1982年生まれ。立命館大学文学部卒。インターネットや社会、歴史、若者問題など様々な分野で執筆活動を行っている。2015年からはTOKYO FMのニュース発信番組『タイムライン』隔週レギュラーを務める。Yahoo!ニュース『誰でも知りたがっているくせにちょっと聞きにくい日本のすべて』不定期執筆中。主な著書に『インターネットは永遠にリアル社会を超えられない』(ディスカヴァー・トゥエンティワン)、『若者は本当に右傾化しているのか』(アスペクト)、『欲望のすすめ』(ベスト新書)など多数。
twitter ID:@aniotahosyu



ネット右《う》翼《よく》の終《お》わり——ヘイトスピーチはなぜ無くならないのか

2015年7月15日　初版

著者——古谷経衡

発行者——株式会社晶文社

東京都千代田区神田神保町1-11
電話　03-3518-4940(代表)・4942(編集)
URL http://www.shobunsha.co.jp

印刷・製本——中央精版印刷株式会社





ISBN978-4-7949-6882-1 Printed in Japan

## 好評発売中

〈犀の教室〉
### 日本の反知性主義　内田樹 編

集団的自衛権の行使、特定秘密保護法、改憲へのシナリオ…あきらかに国民主権を蝕み、平和国家を危機に導く政策が、どうして支持されるのか？　為政者からメディア、ビジネスから大学まで、社会の根幹部分に食い入る「反知性主義」をめぐるラディカルな論考。

〈犀の教室〉
### 〈凡庸〉という悪魔　藤井聡

「思考停止」した「凡庸」な人々の増殖が、巨大な悪魔＝「全体主義」を生む。ハンナ・アーレント『全体主義の起原』の成果を援用しつつ、現代日本社会の様々な局面で顔をのぞかせる、「凡庸という悪」のもたらす病理の構造を抉る書き下ろし論考。

〈犀の教室〉
### 「踊り場」日本論　岡田憲治・小田嶋隆

踊り場とは、歩みをゆるめて、来し方と行く末を再評価するための過程だ。右肩上がりの指向から「踊り場」的思考へ、私たちの社会を転換させよう。日本でもっとも穏健なコラムニスト・小田嶋隆と、もっとも良心的な政治学者・岡田憲治の壮大な雑談。

〈犀の教室〉
### 街場の憂国会議　内田樹 編

特定秘密保護法を成立させ、集団的自衛権の行使を主張し、民主制の根幹をゆるがす安倍政権とその支持勢力は、いったい日本をどうしようとしているのか？　未曽有の危機的状況を憂う９名の論者による緊急論考集。状況の先手を取る思想がいま求められている！

### 気になる人　渡辺京二

『逝きし世の面影』の著者が、熊本在住の、近くにいて「気になる人」、昔から知っているけれどもっと知りたい「気になる人」をインタビューした小さな訪問記。自分たちで、社会の中に生きやすい場所をつくることはできるのだ。

### たった独りの外交録　加藤嘉一

中国共産党による言論統制の下、反日感情うずまく中国で一人の日本人として発言を続け、大学生たちとガチンコの討論を行い、アメリカではハーバードの権威主義と戦う日々…。中国・アメリカという２つの大国をたった独りで駆け抜けた「個人外交」の記録！

### NOと言えない若者がブラック企業に負けず働く方法　川村遼平

どんとこい！ブラック企業。若者のための労働相談の NPO 法人 POSSE の事務局長が、危ない会社の見分け方、現場での対処法、知っておくべき法律知識、交渉する際のポイントなど、具体的な処方箋をまとめる実践的マニュアル。